마하나임: 하나님의 군사

마하나임

: 하나님의 군사

김동호

규장

| 프롤로그 |

힘든 줄도,
부끄러운 줄도 모르고 쓴 이야기

1. 늘 내 책을 만들어주는 규장이 한동안 페이스북에 연재하였던 '마하나임 시리즈'를 책으로 묶어 주었다.

    글에는 작가의 혼이 있고, 책에는 그 작가의 혼 위에 출판사와 편집인의 혼이 추가된다. 혼이 없는 글과 책은 글도 아니고 책도 아니다. 규장의 책엔 언제나 보면 출판사와 편집인의 혼이 담겨 있다. 때문에 나는 규장이 만들어 주는 책에 대하여 거의 관여하지 않는다. 그만큼 신뢰한다.

    그런데 이번 책은 좀 달랐다. 관여 정도가 아니라 내고 싶지 않았다. 편집이 마음에 들지 않아서가 아니다. 편집은 언제나처럼 마음에 들었다.

2. 규장이 보내 준 편집본을 다시 읽으며 쑥스럽다는 생각이 참 많이 들었다. 나를 아는 분들은 대개 아시는 이야기이지만, 난 돈 이야기를 참 많이 한다. 돈 이야기를 할 땐 내 정신이 아니다. 제정신(?)으로 돈 이야기를 하긴 좀 어렵다. 신이 들려야(?) 쓸 수 있다. 신이 들리면 힘든 줄도 모르고 부끄러운 줄도 모른다. 그리고 읽는 독자가 힘들어 할 줄도 모른다. 그런데 제정신이 돌아오면(?) 참 쑥스럽다.

faith;book

3   설교는 흐르는 물과 같다.
    책은 담아 둔 물과 같다.
    힘들고 쑥스러운 돈 이야기를 설교로 하는 건 그래도 좀 낫다. 그런데 그것을 막상 책으로 묶어 놓고 보니 힘들다. 그래서 몇 달 공들여 편집해서 보내 준 원고를 보고 '출판 안 하면 좋겠다'는 말을 하고 싶었다. 사실 지금도 그렇다.
    하나님께 중얼거리듯 '하나님, 부끄러워요'라고 말했다. 자기 합리화인지는 잘 모르겠으나 하나님이 '부끄럽긴?'이라고 대답해 주셨다.
    '네가 쓰겠다고 달라고 한 돈 이야기가 아니잖니?'

4   그래도 이번 책은 많이 쑥스럽고 부담스럽다. 정말 솔직한 마음으로 지금도 안 냈으면 좋겠다. 독자들이 이 책을 읽을 때 성령님께서 개입해 주시기를 기도한다. 그래서 독자들도 제정신으로 이 책을 읽지 않고 신들린(?) 마음으로 읽게 해 주시기를 기도한다.
    간절히.

MAHANAIM

5 출판 포기에 대한 용기를 내지 못했던 또 하나의 이유는 규장의 수고가 너무 컸기 때문이다. 언제나 소명감을 가지고 원고를 만지고 다듬는 규장에 감사한다.
문득 내가 좋아하는 김남조 시인의 〈선물〉이라는 시의 구절이 생각난다.

    내야 흙이온데
    밀랍이듯 불 켜시고
    한 평생 돌이온걸
    옥의 문양 그으시니
    난생 처음
    이런 조화를 보겠네

흙을 밀랍처럼, 돌을 옥처럼 한평생 사용하여 주시는 하나님의 은혜가 감격스럽다. 생각만 해도 눈물이 난다.

이 책을 내 사랑하는 손주들
민희, 세희, 국희, 진욱, 율희에게 주고 싶다.
내 사랑하는 손주들이 할애비가 이 책에서 쓴 대로
살아주었으면 좋겠다.
독수리 오형제처럼.

김동호

CONTENTS

프롤로그

part 1 하나님을 위해 싸울 자 … 11

01 보이지 않는 교회   02 피 흘리기까지   03 언제 우리는 안전한가
04 욕심으로부터의 자유   05 야망 vs 소명   06 훈련을 피하지 말라
07 죽을힘을 다해   08 포기하면 벗어난다

part 2 훈련의 기초: 십일조와 이삭줍기 … 55

09 전우 모으기   10 주를 위하여 쓰면 풀린다
11 강추, 십일조 훈련   12 굶지도, 죽지도 않는다   13 끝이 아닌 시작
14 풍요로운 가난   15 훈련은 언제나 어렵다   16 사랑하면 버릴 수 있다
17 이삭줍기의 시작   18 가장 큰 헌금   19 이와 같이 하라

part 3 훈련의 핵심: 재정의 균형 잡기 ··· *115*

20 나의 높은 곳 21 당당하게 조르라 22 점프 연습
23 유산 포기 24 무시무시한 목표 25 미래를 위한 몫
26 미자립은 없다 27 허세와 전쟁 선포하기
28 존재의 배부름 29 의심하지 말라 30 끝장 내기

part 4 훈련의 절정: 세상과 거꾸로 살기 ··· *169*

31 어떻게 쓸 것인가 32 엄격하면 불편하다
33 맡겨 준 몫을 쓸 때 34 수고한 대로 먹는 복
35 요령이 아닌 실력으로 36 불공정 게임
37 흘려보내는 훈련 38 헛일과 큰일
39 근사한 흐름 40 좋은 세상을 위하여

part 5 실전에서 승리하기 ··· *217*

41 섬기는 기술 42 하나님나라의 모습 43 내 양을 먹이라
44 말도 안 되는 꿈 45 나는 마하나임이다
46 산을 옮기는 우직함 47 마하나임 프로젝트
48 오직 하나님! 49 테스트 통과 50 돈 키호테처럼

PART 1

하나님을 위해 싸울 자

바흐친이

MAHANAIM

보이지 않는 교회 01

1.

나는 주기도문이 좋다. 주기도문이 다 좋지만 그중에서도 가장 좋아하는 기도가 있다. 그것은 '나라가 임하시오며'라는 기도이다. 예수를 믿어 가면 갈수록 머리와 마음에 그리고 가슴에 점점 선명해지고 간절해지는 것이 있다. 그것은 '하나님나라'다.
하. 나. 님. 나. 라.

2.

1980년 5월, 목사 안수를 받았다. 드디어 2016년, 올해 말 은퇴한다. 시무한 교회도 마음에 많이 남지만 목회 중 개척한 교회들이 더 많이 마음에 남는다. 교회를 개척할 줄은 꿈에도 몰랐다. 교회개척이 훌륭한 사역이라는 것은 알았지만, 그리고 부러워도 했었지만 개척은 나와는 잘 맞지 않는 일이라 생각하며 살았다. 그런데 하나님은 나에게 교회개척의 축복도 허락해 주셨다.

교회를 하나 더 개척하고 싶었다. 교회할 장소도 알아보고 이름도 정해놨었다. 그 이름은 '좋은 세상 교회' 혹은 '좋은 세상을 위한 교회'이었다. '좋은 세상'이란 '하나님나라'를 의미한다. 나는 '하나님나라'를 그냥 '좋은 세상'으로 풀었다.

'나라가 임하시오며'라고 기도한다면, 정말 그 기도가 간절하다면 하나님께 기도하고 하나님나라를 위하여 헌신할 수 있어야 한다.

이제 올해 말 드디어 은퇴한다. 은퇴하면 나는 새롭게 교회를 개척할 것이다. 내가 개척하려고 하는 교회는 눈에 보이는 교회가 아니다. 눈에 보이지 않는 교회이다. 조직도 없고, 건물도 없고, 눈에 보이는 형태도 없는 교회이다.

3.

몇 년 전부터 facebook(페이스북)을 시작하였다. 나는 facebook을 faithbook(믿음의 책)이라고 생각하였다. facebook을 faithbook이라고 생각하니 자연스럽게 설교 같은 글들을 쓰게 되었다. '누가 facebook에서 그런 글을 읽겠는가'라고 이야기하는 분들도 있었지만 그렇지 않았다. 뜻밖에 facebook에 어울릴 것 같지 않은 길고 조금은 심각한 설교 같은 글을 읽어 주는 독자들이 많았다.

우리는 우리의 facebook을 faithbook church(페이스북 교회)라고 부르기 시작했고, 팔로워들 중에는 스스로 '페이스북 교회 교인'이라고 부르는 사람들이 생겨났다. 혹 지방이나 외국에 집회를 나가면 "저 페이스북 교회 교인이에요"라며 반갑게 인사하는 분들을 만나게 된다. 얼마나 반가운지 모른다.

페이스북 팔로워들을 페이스북 교회 교인이라고 생각한다면 내 페이스북 교회 교인은 10만 명이 넘는다. 그냥 매일 부담 없이 좋은 글 올리고, 적지 않은 팔로워들이 그것을 읽고, 좋아요 누르고, 댓글도 달고 하는 것도 좋은 일이다. 그런데 행동이 뒤따르지 않는 글쓰기와 글 읽기는 이제 그만 하고 싶다.

사사 기드온이 미디안과 싸우려고 전쟁을 일으켰을 때 그와 함께하려고 나선 군인은 3만 2천 명이었다. '해변의 모래처럼 많았다'(삿 7:12)라고 표현된 미디안의 군대를 생각하면 3만 2천도 태부족이었다. 그런데 하나님은 그 3만 2천의 군인이 너무 많다고 말씀하셨다.

전쟁을 두려워하는 사람 2만 2천을 돌려보내고, 용기는 있으나 조심성이 없어 보이는 자격미달 군인도 다 돌려보내니 기드온에게는 단 300명의 군사만이 남았을 뿐이다.

나는 10만 명의 faithbook church가 아니라 300명의 mahanaim church(마하나임 교회)를 하고 싶다. 마하나임(mahanaim)이란 '하나님의 군대'를 의미하는 말이다.

4.

교회는 여러 가지 기능을 가지고 있다. 예배, 교육, 친교, 봉사, 구제 등. 그런데 교회의 중요한 기능 중 하나는 '전투'이다. 하나님 나라를 지키고 확장시키기 위한 전투 말이다. 그것을 우리는 '선교'라고 부른다. 선교는 소꿉장난이 아니다. 선교는 전투이다. 선교가 전투이기 때문에 그 전투를 감당할 군인이 있어야 한다. 하나님의 군대 마하나임은 하나님의 나라를 지키고 세우기 위하여 존재한다. 나는 그 하나님의 나라를 세우고 지키기 위한 하나님의 군대, 즉 마하나임의 군인이 되고 싶다.

군인이 될 뿐만 아니라 나와 같은 뜻을 가진 사람들을 모아 '마하나임 교회'를 하고 싶다. 내가 마지막으로 개척하여 세우고 싶은 '좋은 세상 교회'와 '마하나임 교회'는 같은 개념이고 이름이다. 그래서 생명을 걸고 하나님나라를 위하여, 좋은 세상을 위하여 전력투구하는 교회와 교인들을 함께 세워나가고 싶다. 물론 이 교회는 구체적인 형체도, 조직도, 모임도 없는 무형(無形)의 교회이다. 그러나 어떤 유형(有形)의 교회보다 막강한 교회가 될 것이다. 정말 그랬으면 좋겠다.

그런 교회는 대형교회가 될 수 없다. 300명 모이기가 쉽지 않을 것이다. 그러나 그 300명은 세상을 바꿀 수 있는 마하나임의 전사가 될 것이다. 그런 교회를 하고 싶다. 우선 내가 그 교회의 교인이 되고 싶다.

5.

3.1 운동을 준비하던 젊은이들이 남강 이승훈 장로님을 찾아가 민족대표 33인 중에 한 분이 되어 주실 것을 부탁드렸다. 그때 남강 이승훈 장로님이 대표 수락을 하시며 하셨던 말씀은 아직도 내 심장을 뛰게 한다. '이 남강이 요에 누워 죽을 줄 알았는데, 이제야 죽을 자리를 찾았다.'

나도 이젠 죽을 자리를 찾아야 할 나이다. 나도 요에 누워 편히 죽긴 싫다. 얼마든지 그렇게 살려면 살 수도 있겠지만 그렇게 살다가 그렇게 죽고 싶지는 않다. '좋은 세상을 위한 마하나임.' 그게 내가 죽을 자리다. 죽기 살기로 해왔던 목회를 은퇴하며 다시 죽을 자리를 찾는다.

심장이 뛴다.

다시 심장이 뛴다.

다른 심장이 뛴다.

다른 새 심장이 뛴다.

나는 좋은 세상을 만들기 위한, 다시 말해 이 땅에 하나님의 나라를 건설하기 위한 하나님의 군대, 마하나임의 군사가 되고 싶다.

6.

이제 나는 마하나임의 군사들이 싸워야 할 구체적인 전투와 전술 그리고 그와 같은 전술과 전투를 수행하기 위한 구체적인 훈련을 쓰려고 한다.

이 글이 300명의 심장을 뛰게 하기를 하나님께 기도한다.

하나님께 나와 함께 싸울 전사 300명을 달라고 기도한다. 300명이면 충분하다.

피 흘리기까지 02

MAHANAIM

1.

나는 우리나라가 한창 전쟁 중이던 1951년 2월에 태어났다. 판잣집에서 요 없이 가마니를 깔고 이불 하나로 세 식구가 덮고 살았던 때가 기억난다. 친구 집 봐주러 가셨던 아버지가 친구 몰래 그 집 쌀독에서 쌀 한 바지 주머니를 훔쳐와(?) 나를 먹이셨다는 이야기를 어려서 들은 적도 있다.

초등학교에 다닐 때는 학교에 '생활환경조사서'라는 것이 있었다. 학생의 집안 형편을 알아보기 위하여 작성했던 것 같다. 그 조사서의 질문들이 지금 생각하면 코미디다.

라디오 있냐? 선풍기 있냐? 텔레비전 있냐? 냉장고 있냐? 전화 있냐?

뭐 그런 것들이었다.

2.

그때 우리 집엔 겨우 라디오 한 대만 있었을 뿐이다. 그래도 크게 부끄럽지 않았던 까닭은 다른 집도 크게 다를 것이 없었기 때문이다. 1974년에 처음으로 선풍기를 샀다. 1977년에 처음으로 흑백 19인치 텔레비전을 샀다. 1979년에 처음으로 전화를 놓았다. 1981년에 처음으로 전축을 샀다. 냉장고는 언제 샀더라…?
지금 우리 집엔 라디오도 있고(집엔 없고 차에 있다), 선풍기도 있고, 냉장고도 있고, 텔레비전도 있고, 전축도 있고, 전화도 있고, 에어컨도 있고, 자가용도 있다.
좋다.
감사하다.
그걸 부인할 순 없다.

3.

우리나라의 경제적 부흥과 발전은 가히 기적적이다. 누가 뭐래도 기적적이다. 그런데 그 기적이 뜻밖에 우리를, 나를 생각처럼 대단하게 행복하게 해 주지 못한다. 경제의 성장으로 가난의 문제는 어느 정도 해결했는데, 그 기적 같은 경제 성장으로도 전혀 해결되지 않는 것들이 있다.
눈물, 아픔, 슬픔, 괴로움, 고통스러움, 삶의 곤고함과 무거움, 절망, 미움, 시기, 다툼, 분쟁, 억울함, 섭섭함….
그건 그때나 지금이나 거의 하나도 변한 게 없다. 오히려 점점 더 늘어나고 심해지는 느낌이다. 그런 문제는 돈으로, 경제로, 정치로 해결될 수 있는 문제가 아니다. 거기에 우리 인간의 절대적인 한계가 있다.

4.

요한계시록 21장에 보면 새 하늘과 새 땅에 대한 말씀이 나온다. 요한은 그 새 하늘과 새 땅을 마치 '신부가 남편을 위하여 단장한 것 같다'라고 표현하였다. 참 기막힌 표현이다.

우리를 위하여 창조하셨던, 또 새롭게 창조하시는 하나님나라는 언제나 좋은 세상이다. 아름다운 세상이다. 완벽한 세상이다. 부족함이 없는 세상이다. 평화로운 세상이다.

그곳엔, 눈물이 없다. 애통함이 없다. 곡함이 없다. 아픈 것이 없다. 목마름이 없다. 배고픔이 없다. 미움이 없다. 시기와 질투도 없다. 거기엔 불행도 없고, 불만도 없고, 불안도 없다.

5.

난 그런 세상에서 살고 싶다. 그런 세상이 있다. 그런 세상을 하나님이 우리를 위하여 만들어 주셨다. 그게 하나님나라다. 그런데 사탄 마귀는 우리에게서 그 하나님나라를 빼앗기 위하여 우는 사자처럼 돌아다닌다. 그리고 우리를 공격한다. 악으로, 죄로, 미움으로, 욕심으로….

난 싸우고 싶다. 맥 놓고 당하고만 있고 싶지 않다. 끝없이 넘어지고 자빠지고 패배해도 포기하지 않고 사탄의 모든 공격을 막아내고 싸워서 하나님이 날 위해 만들어 주신 그 나라를 호락호락 빼앗기고 싶지 않다. 세상을 이렇게 엉망으로 망쳐 놓는 것을 그냥 보고만 있을 수는 없다.
하나님은 마귀를 대적하라 말씀하신다(약 4:7).
피 흘리기까지 싸우라 말씀하신다(히 12:4).
그것과 싸우는 군사가 되라 말씀하신다(딤후 2:3,4).

6.

사탄이 점령한 거대한 세상의 거대한 사회악과 싸워 이길 수 있을까? 계란으로 바위치기 아닐까? 왜 우리가 계란인가? 우리가 누구의 군사인데? 우리의 대장이 누구신데?

7.

마하나임의 군사는 누구인가? 그는 하나님과 하나님의 나라를 소망하는 사람이다. 하나님과 하나님의 나라를 갈망하는 사람이다. 하나님과 하나님의 나라를 사랑하는 사람이다. 하나님과 그의 나라를 지키기 위하여 자신을 내던지는 사람이다. 나는 결국 그런 사람이 되고 싶다. 하나님의 나라는 내 한 목숨 십자가에 걸어도 좋을 유일한 가치이다. 그래서 나는 마하나임의 군사가 되고 싶다.

03 언제 우리는 안전한가

1.

하나님나라의 삶을 살고 누리기 위하여 우리 인간이 지켜야 할 룰이 하나 있었다. 단 하나의 룰. 그 단 하나의 룰은 선악과를 따먹지 않는 것이었다. 그것뿐이었다.

"여호와 하나님이 그 사람에게 명하여 이르시되 동산 각종 나무의 열매는 네가 임의로 먹되 선악을 알게 하는 나무의 열매는 먹지 말라 네가 먹는 날에는 반드시 죽으리라 하시니라"(창 2:16,17).

하나님은 이 선악과의 명령을 통하여 우리와 분명히 하고자 하시는 것이 있었다. 그것은 당신이 하나님이시라는 것이다. 그것은 하나님이 당신의 자리를 인간에게 빼앗기기 싫어서 정하신 것이 아니었다. 그것은 당신의 자리를 지키고 보호하시기 위한 것이 아니라, 우리의 생명을 보호하시고 지키시기 위한 것이었다. 인간을 위해서라면 당신의 생명도 아끼지 아니하시는 하나님이 자리가 뭐가 아까워서 당신의 자리를 보호하고 지키려 하셨겠는가?

2.

'나라가 임하시오며'라고 기도하라 가르쳐 주신 예수님의 주기도는 '하늘에 계신 우리 아버지여'라는 말로 시작한다. '하늘에 계신 우리 아버지여'라는 기도는 사탄에 속아 스스로 하나님이 되려고 선악과를 따먹었던 범죄로부터 돌이킴이다. 하나님을 하나님으로, 하나님을 우리의 아버지로 인정하고 고백하는 것으로부터 하나님의 나라는 시작되고 완성된다.

3.

베드로가 "주는 그리스도시요 살아 계신 하나님의 아들이십니다"라고 고백하자 예수님은 베드로에게 천국의 열쇠를 허락해 주셨다. 다시 말해 하나님나라를 허락해 주셨다. 예수님을 하나님으로, 그리고 하나님을 자신의 주(Lord)로 고백함이 하나님나라의 열쇠(key)임을, 우리는 이 말씀을 통하여 알 수 있다. 성경은 우리에게 구원, 즉 하나님나라에 들어감은 오직 믿음으로만 얻을 수 있다고 말씀하고 있다.

"오직 의인은 믿음으로 말미암아 살리라"(롬 1:17).

믿음은 하나님을 하나님으로, 하나님을 자신의 주로, 하나님을 아버지로 부르고 고백하는 것을 의미한다. 그 믿음이 하나님나라의 유일한 조건이다.

공부를 잘하는 것은 좋은 일이다. 공부를 잘하면 쓸데가 많다. 그러나 공부를 잘한다고 하나님나라에 들어갈 수는 없다. 돈을 많이 벌어 부자가 되는 것도 마찬가지다. 부자로 사는 것이 주는 유익이 제법 많다. 그 유익과 재미가 크기 때문에 사람들은 돈, 돈, 경제, 경제를 외치며 살아가고 있다. 부자가 되는 일이 쉽지 않음에도 불구하고, 어렵게 어렵게 부자가 된다고 하여도 그 부자 됨으로 하나님나라를 얻을 수는 없다. 그것은 권력도 마찬가지고, 명예도 마찬가지다. 착하고 바르게 사는 것은 그런 것과는 차원이 다른 훌륭한 삶이다. 그런데 그 차원이 다른 착하고 바르게 훌륭하게 사는 것으로도 하나님의 나라를 얻을 수는 없다.

하나님의 나라는 오직 믿음으로만 얻을 수 있고, 들어갈 수 있고, 누릴 수 있다. 오직 믿음뿐이다.

4.

비행기를 참 많이 탔다. 엄청 많이 탔다. 그렇게 비행기를 많이 탔지만 나는 한 번도 비행기를 내가 직접 조종하려고 하지 않았다. 내가 만일 조종사에게 "내가 자동차 운전을 30년도 넘게 했으니 비행기도 한 번 조종할 수 있지 않겠느냐?"고 이야기한다면 그건 심하게 말해, 미친 것이다. 확률은 거의 없지만 그때 마침 조종사도 미쳐서 내 말에 동의하고 날아가는 비행기의 조종간을 나에게 맡긴다면 비행기는 추락이다. 나는 비행기는 조종사가 조종해야만 한다는 것을 안다.

나는 그보다 중요한 한 가지를 더 알고 있다. 그것은, 나와 세상은 하나님이 조종하셔야만 안전하다는 것이다.

5.

미숙한 어린아이들이 모르는 것이 있다. 그것은 모른다는 것을 모르고, 못한다는 것을 모른다는 것이다. 텔레비전에서 〈아톰〉, 〈마징가Z〉, 〈슈퍼맨〉 같은 만화영화를 상영하면 그 다음날 골목에는 목에 보자기를 묶고 날아다니는 놈들이 나타난다. 그건 매우 정상적인 일이지만, 그러나 매우 위험한 일이다. 얼마 전에도 뉴스를 보니 어린아이 하나가 하늘을 날아다니는 만화 주인공을 보고 흉내 내다가 추락사하였다는 안타까운 뉴스가 나왔다.

우리는 슈퍼맨이 아니다. 자신이 슈퍼맨인 줄로 착각하면 그때부터 그의 삶은 위험에 처하게 되고 만다. 슈퍼맨도 안 되는데 하나님을 부인하고 자신이 스스로 자신의 하나님이 된다는 것은 더 말할 필요도 없다. 세상에 그처럼 어리석은 일은 없고, 세상에 그처럼 위험한 일은 없다.

우리가 하나님을 부인하고 스스로 하나님이 되어도 문제가 없으려면 우리가 전지전능하여야만 한다. 그런데 우리는 전지전능한 존재가 아니다. 우리는 무지하고 무능한 존재이다. 무지무능함에도 그 존재가 스스로 하나님이 되어 자신과 세상을 조종하려고 한다면 그 결과는 추락이다. 사망이다. 멸망이다.

때문에 하나님을 인정하고 믿고 따름은 공부를 잘하는 것보다, 돈을 벌어 부자가 되는 것보다, 출세하여 권력을 얻는 것보다, 착하고 바르게 사는 것보다 중요하다. 믿음은 그런 것들과는 차원이 다른 것이다.

그런데 우리는 사탄이 우리에게 지금도 하고 있는 말, '선악과를 따먹으면 네가 하나님이 될 것'이라는 유혹에 빠져 선악과를 따먹고 스스로 자신의 하나님이 되려 하고 있다. 그리고 실제로 그렇게 살고 있다.

6.

예수님은 주기도문을 통하여 우리에게 '하늘에 계신 우리 아버지여'라고 기도하라고 가르쳐 주신다. 주기도문 중에 가장 중요한 기도는 하나님을 '하늘에 계신 우리 아버지'로 부르고 고백하는 것이다. 자기를 부인하고 하나님을 인정함, 그리고 하나님을 따름이 믿음이다. 그리고 그 믿음이 하나님나라에 들어갈 수 있는 유일한 열쇠이다.

비행기는 조종사가 조종해야 안전하고, 나와 세상은 하나님이 조종하셔야만 안전하다. 내게도 원죄가 있어서 본능적으로 스스로 하나님이 되려는 경향이 있다. 주인이 되려고 하는 본능이 있다. 나는 철저히 그것과 싸울 것이다.

마하나임의 군사로서 반드시 치러야 할 전투가 있다. 반드시 싸워야 하고, 싸워서 이겨야만 하는 전투는 바로 '자기 자신과의 전투'이다. 그것을 예수님은 '자기부인'이라고 말씀하셨다.

자기부인이 없이는 하나님 긍정과 인정에 들어갈 수 없다. 자기를 부인하지 못하면 결국 하나님을 부인할 수밖에 없다. 하나님을 부인하는 불신앙을 가지고는 절대로 하나님나라에 들어갈 수 없다. 하나님나라는 오직 믿음으로만 들어가고 누릴 수 있다.

욕심으로부터의 자유 04

1.

선악과를 따먹고 범죄한 후 인간은 하나님의 말씀을 따라 살지 아니하고 자신의 욕심을 따라 살기 시작하였다. 왜? 자기가 자신의 하나님이기 때문이었다. 자기가 자신의 삶의 주인이었기 때문이다. 인간의 마음속에 욕심이 자리 잡고, 그 욕심이 자신의 삶과 세상을 지배하면서부터 인간과 세상은 철저히 파멸의 길로 들어서고 말았다. 욕심을 따라 사는 삶은 세상에서 가장 어리석은 하나님의 피조물이 되게 하고 말았다. 왜냐하면 욕심은 채울 수도 없고, 더 중요한 것은 채워봤자 인간을 행복하게 하지 못하기 때문이다. 인간의 진정한 행복은 욕심을 채움에 있는 것이 아니라 욕심을 버림에 있다는 것을 사람들은 좀처럼 잘 알지 못한다.

2.

사람들은 욕심을 채우면 행복할거라 생각한다. 그런데 그게 어리석은 생각이고 잘못된 생각이다. 행복은 욕심을 채움으로 얻을 수 있는 것이 아니다.

솔로몬은 부귀와 영화와 쾌락을 누리는 일에 전무후무한 삶을 살았던 사람이다. 그에게 부귀와 영화와 쾌락은 모든 강물이 바다로 흘러들어오듯 흘러들어왔다. 그러나 그럼에도 불구하고 그와 같은 것으로 행복을 얻지 못하였다. 그의 마지막 고백은 "헛되고 헛되며 헛되고 헛되니 모든 것이 헛되도다"(전 1:2)라는 것이었다. 솔로몬이 헛되다면 헛된 것이다. 왜 그럴까? 복음 때문이다.

복음 중의 복음은 하나님이 우리를 사랑하신다는 것이다. 사랑은 사랑받는 대상을 존귀하게 한다. 하나님이 우리를 사랑하시기 때문에 하나님은 우리 인간을 존귀하게 창조하셨다. 천하보다 크고 귀하게 창조하셨다. 인간이 천하보다 크고 귀하기 때문에 인간은 천하를 다 얻어도 만족할 수 없다. 천하를 다 얻어 채워도 인간을 채울 수 없다. 인간이 천하보다 크기 때문이다. 그래서 솔로몬이 그렇게 '헛되고 헛되며 헛되고 헛되다'라고 고백을 하였던 것이다.

3.

욕심은 인간을 어리석게 한다. 얼마 전에 이세돌 9단과 알파고의 세기적인 대결이 있었다. 내 바둑 실력은 10급 정도이다. 그런데 남의 바둑을 훈수할 땐 8급 정도의 수를 볼 수 있다. 그건 나만 그런 게 아니다. 누구나 대개 다 그렇다. 왜 남의 바둑을 훈수할 때의 실력이 내 바둑을 둘 때보다 나은 것일까? 욕심 때문이다. 내 바둑을 둘 때에는 승부욕이라는 것이 생기게 마련이다. 그런데 욕심이 생기면 눈이 멀게 된다. 그것을 우리는 '욕심에 눈이 먼다'라는 말로 표현한다. 그러나 남의 바둑을 둘 때에는 욕심이 없어진다. 그러면 최소한 두 수 이상은 더 볼 수 있게 된다.

산상보훈의 팔복 중에 "마음이 청결한 자는 복이 있나니 그들이 하나님을 볼 것임이요"(마 5:8)라는 말이 있다. 욕심 없는 깨끗한 마음을 가지면 하나님이 보인다. 하나님의 수가 보인다. 하나님의 수로 인생의 바둑을 둘 수 있다면 그의 인생은 백전백승이다.

성경은 "여호와를 경외하는 것이 지혜의 근본"(잠 9:10)이라고 말한다. 범사에 하나님을 인정하고 그를 믿고 따르면 지혜의 사람이 될 수 있다. 그러나 하나님을 부인하고 자신을 자신의 하나님으로 삼고 욕심을 좇아 살게 되면 인간은 치명적으로 어리석은 사람이 된다. 인생의 바둑에서 평생 후수와 악수를 번갈아두며 패착의 연속으로 말미암아 종국적으로 패배하고 실패하는 삶을 살 수 밖에 없다.

4.

뿐만이 아니다. 인간의 끝없는 탐심은 빈익빈 부익부의 현상을 극대화하여 세상을 매우 불안정한 세상이 되게 하고 말았다. 인간의 한도 끝도 없는 욕심은 세상의 모든 자원을 고갈시키며 엄청난 공해를 유발시켜 세상을 병들어가게 하고 있다. 충분히 소유하고 누리는 자들의 그 끝없는 욕심 때문에 세상 한쪽에서는 절대 빈곤에 처해 일용할 양식조차 해결하지 못하고 하찮은 질병에도 죽어나가며 하루 1불 미만의 돈을 벌기 위해 우리가 상상도 할 수 없는 비참한 노동현장에서 희망도 없이 평생을 살아가는 사람들이 생겨나게 되었다.

이와 같은 불평등은 소중한 평화를 위협한다. 평화(平和)란 한문으로 공평할 평(平)자에 벼 화(禾)변에 입 구(口)자를 쓴다. 평화란 모든 사람의 입에 곡식을 공평하게 넣어줄 때 이루어지기 때문이다.

인간의 욕심과 탐욕은 모든 사람의 입에 곡식을 공평하게 넣어주지 못하는 세상을 만들었다. 그와 같은 세상엔 평화가 없다. 그래서 이 세상엔 늘 시기와 미움과 다툼과 분쟁이 그치지 않는 것이다. 늘 전쟁과 테러의 소문이 그치지 않는 것이다. 한시도 그치지 않고 들려오는 전쟁의 소문과 테러의 소문들은 다 이 인간의 극단적인 욕심이 빚어낸 불공평으로부터 나오는 것이다.

욕심을 버릴 수 있다면, 사람이 만일 욕심을 버릴 수만 있다면, 얼마나 작은 일에도 감사하고 만족하며 행복해할 것인가? 그리고 모든 사람이 다 평등하게 굶주리지 않고 평화롭게 살 수 있지 않을까?

5.

어떻게 욕심을 버릴 수 있을까? 사람이 왜 욕심에 사로잡히게 되었는가? 그 원인을 알면 그 문제에 대한 답을 찾을 수 있다. 인간이 욕심에 사로잡혀 자신과 세상을 파멸의 길로 인도하게 된 단 하나의 이유는 하나님을 떠났기 때문이다.

그러므로 욕심을 버리고 지혜롭고 만족한 삶을 살려면, 우리가 살아가는 세상을 늘 평화로운 세상이 되게 하려면 그냥 하나님께로 돌아가면 된다. 하나님을 인정하면 된다. 하나님을 믿으면 된다. 정말이다.

다윗은 시편 23편에서 정말 기가 막힌 고백을 한다. 그것은 "부족함이 없으리로다"는 고백이다. 솔로몬은 그 엄청난 부귀와 영화와 쾌락을 누렸음에도 불구하고 만족함이 없었는데, 어떻게 다윗은 부족함이 없다는 그 엄청난 고백을 할 수 있었을까? 다윗이 솔로몬보다 더 많은 부귀와 영화와 쾌락을 누렸기 때문일까?

아니다. 그렇지 않다.

다윗이 부족함이 없는 만족한 삶을 누릴 수 있었던 단 하나의 이유와 조건은 "여호와는 나의 목자시니"라는 말 속에 숨어 있다. 하나님이 자신의 목자이시기 때문에 다윗의 삶에는 부족함이 없었다. 당연한 일이다.

부족함이 없고 늘 만족한 사람에게는 쓸데없는 욕심이 없기 마련이다. 부족함이 없는데 무슨 욕심이 생기겠는가?

6.

마하나임의 군사가 되려면 다윗처럼 하나님을 온전히 믿는 믿음의 훈련을 해야만 한다. 철저히 자기를 부인하고 하나님을 시인하고 긍정하고 인정하는 훈련을 하여야만 한다. 그리고 그 믿음으로 내 의식과 무의식 속에 원죄처럼 붙어있는 쓸데없는 욕심으로부터 자유하는 훈련을 받아야만 한다.

나는 그런 마하나임의 군사가 되고 싶다.

그리고 나와 같은 마하나임의 군사 300명을 찾고 싶다.

그리고 그들과 함께 하나님나라를 위하여 싸워보고 싶다.

그리고 하나님이 주시는 승리를 맛보고 싶다.

야망 VS 소명

1.

성경은 모든 사망의 원인을 단 하나로 설명한다. '죄'
성경은 그 죄의 원인 또한 아주 단순하게 설명한다. '욕심'
두고 두고 생각해 봐도 맞다.

2.

예수님은 산상보훈에서 "심령이 가난한 자는 복이 있나니 천국이 그들의 것임이요"(마 5:3)라고 말씀하셨다. 천국은 욕심 많은 자가 절대로 소유할 수 없는 공간이다. 천국은 오히려 욕심이 없는 사람, 즉 심령이 가난한 사람만이 누릴 수 있는 공간이다. 그러므로 하나님의 나라에 들어가려면, 하나님나라의 삶을 누리고 살려면, 그리고 이 땅에 하나님의 나라를 세우고 그 나라를 위하여 싸우는 마하나임의 군사가 되려면, 욕심과 싸워야 한다. 먼저 자기 자신 속의 욕심과 싸워야 한다.

3.

욕심은 채우는 것도 어렵지만 버리는 것이 더 어렵다. 그러나 마하나임의 군사는 아무리 어려워도 그 욕심을 버리는 훈련을 통하여 욕심을 제어할 수 있어야만 한다. 그래야만 하나님나라의 군대가 될 수 있다. 자신의 욕심의 문제를 해결하지 못하는 한, 그는 절대로 하나님의 나라를 위한 마하나임의 군사가 될 수 없다.

아주 드물기는 하지만 신앙 없이도 세상의 욕심을 버리고 무욕의 삶을 사는 사람들이 있다. 무소유의 삶을 사는 사람들이 있다. '나물 먹고 물 마시고 팔베개하고 누웠으니 대장부 살림살이 이만하면 족하리 부귀영화 허영일랑 한낱 뜬구름과 같구나'라는 시구절이 있다. 그리고 정말 그런 삶을 실천하며 사는 사람들이 있다. 정말 세상말로 도통한 사람들이라 할 수 있다. 도가 통하여 무욕과 무소유의 삶을 실천하는 사람들은 대개 건강하다. 그리고 무엇보다 행복하다.

그러나 그럼에도 불구하고 예수님이 산상보훈에서 말씀하신 '심령이 가난한 자'는 그런 무욕과 무소유의 삶을 말씀하신 것이 아니라고 나는 생각한다. 그런 무욕의 삶을 사는 사람과 세상 욕심에 사로잡혀 살아가고 있는 보통 세상 사람들과 사이에 매우 유사한 공통점이 있다. 그건 둘 다 '이기적'이라는 사실이다. 자기밖에 모르는 사람들이라는 것이다. 욕심을 채우는 것을 통해서든지, 아니면 욕심을 버리는 것을 통해서든지 저들이 추구하는 것은 그냥 자기 자신들의 행복뿐이다. 다른 사람들에 대한 배려나 책임감은 찾아볼 수가 없다.

심령이 가난한 사람은 공부도 하지 말고, 돈도 벌지 말고, 일도 하지 말고, 출세도 해서는 안 되는 것일까? 나는 그것이 성경의 가르침이라고 생각하지 않는다. 만일 그것이 사실이라면 하나님은 부자와 왕과 같은 사람은 당신의 일꾼으로 절대로 사용하지 않으셨을 것이다. 그리고 남을 가르치는 교사가 되라고 은사를 주지도 않으셨을 것이다.

4.

말장난으로 치부할지 몰라도 나는 욕심(慾心)과 의욕(義慾)을 구별하고 싶다. 욕심은 버려야하지만 의욕까지 버리면 안 된다. 차라리 욕심과 의욕을 구별하지 않고 그냥 다 버리고 살라면 그건 그나마 좀 쉬울 수 있다. 그런데 그 둘을 구별하여 욕심은 버리고 의욕은 버리지 말라는 건 차라리 말장난 같아 보일 때가 많다.

똑같이 공부 열심히 하고, 돈 열심히 벌고, 출세하여 권력도 얻지만 두 종류의 사람이 있을 수 있다. 하나는 욕심 때문에 그렇게 하는 사람이고, 또 다른 하나는 소명 때문에 그렇게 하는 사람이다. 나는 그 소명감을 의로운 욕심이라고 부르고 싶다.

그래서 예수님은 산상보훈에서 '심령이 가난한 자'를 말씀하시며 다른 한 복으로 '의에 주리고 목마른 자'를 말씀하신 것이다. '의에 주리고 목마른 자'의 욕심을 나는 의로운 욕심, 즉 의욕이라고 부른다.

5.
나는 윤동주의 〈십자가〉라는 시를 좋아한다.

    쫓아오던 햇빛인데
    지금 교회당 꼭대기
    십자가에 걸리었습니다.

    첨탑(尖塔)이 저렇게도 높은데
    어떻게 올라갈 수 있을까요.

    종소리도 들려오지 않는데
    휘파람이나 불며 서성거리다가,

    괴로웠던 사나이
    행복한 예수 그리스도에게처럼
    십자가가 허락된다면

    모가지를 드리우고
    꽃처럼 피어나는 피를

어두워가는 하늘 밑에

조용히 흘리겠습니다.

윤동주는 이 시에서 예수님의 십자가를 부러워한다. 세상에 부러워할 것이 없어서 십자가를 부러워할까? 윤동주가 예수님의 십자가를 부러워하는 까닭은 '행복' 때문이다. '예수님은 십자가에서 얼마나 행복하셨을까?' 그게 윤동주의 생각이었다. 그는 그 예수님의 행복이 부러웠다. 그래서 십자가를 부러워했던 것이다.

6.

십자가에 자기 목숨을 버릴 수 있는 일이 있는 사람은 행복한 사람이다. 우리는 그것을 소명이라고 부른다. 소명 때문에 공부하여 성공하고 출세하고, 소명 때문에 돈 벌어서 부자가 되고, 큰 부자도 되고, 열심히 성실히 일하여 출세하여 권력도 얻어 그 모든 것들을 자신을 위해서가 아니라 하나님과 하나님의 나라와 세상과 세상의 사람들을 위하여 십자가에 못 박을 수 있는 사람이 있을 수만 있다면, 세상은 살만한 세상이 되지 않을까?

7.

야망을 소명으로, 욕심을 의욕으로 바꾸는 훈련을 하나님은 마하나임의 군사들에게 요구하신다. 그것은 그냥 단순히 욕심만을 버리는 훈련보다 몇 배나 더 어려운 훈련이 될 것이다. 그러나 그 하나님이 원하시는 훈련을 우리가 받게 된다면, 세상은 이사야가 꿈꾼 하나님의 나라가 되게 될 것이다.

"그때에 이리가 어린 양과 함께 살며 표범이 어린 염소와 함께 누우며 송아지와 어린 사자와 살진 짐승이 함께 있어 어린아이에게 끌리며 암소와 곰이 함께 먹으며 그것들의 새끼가 함께 엎드리며 사자가 소처럼 풀을 먹을 것이며 젖 먹는 아이가 독사의 구멍에서 장난하며 젖 뗀 어린아이가 독사의 굴에 손을 넣을 것이라 내 거룩한 산 모든 곳에서 해 됨도 없고 상함도 없을 것이니 이는 물이 바다를 덮음같이 여호와를 아는 지식이 세상에 충만할 것임이니라"(사 11:6-9).

아멘.

야망을 소명으로!

욕심을 의욕으로!

MAHANAIM

훈련을 피하지 말라　06

1.

마하나임의 군사로서 구체적으로 그리고 집중적으로 받아야 할 훈련 중에 하나는 '욕심 다스리기'이다. 왜냐하면 욕심이 잉태하여 죄를 낳고, 죄가 장성하여 사망을 낳기 때문이다. 하나님나라의 생명을 위하여 싸워야 할 마하나임의 군사는 무엇보다 욕심을 다스릴 줄 알아야 한다. 그러기 위하여 훈련을 받아야 한다.

2.

욕심을 다스리기 위한 훈련을 하려고 할 때 효과적인 방법은 다스리기 가장 힘든 욕심을 붙잡고 씨름하는 것이다. 가장 다스리기 힘든 욕심은 뭘까? 사람마다 약간의 차이가 있을 수는 있지만 나는 가장 보편적인 것이 '돈에 대한 욕심'이라고 생각했다. 사람이 돈에 대한 욕심을 다스릴 수 있다면 그 밖의 다른 욕심들도 다스릴 수 있게 되지 않을까 싶다.

사도행전에 보면 오순절 날 초대교회 교인들이 성령의 충만함을 받고 거듭난 체험을 하게 되었다. 저들이 성령을 받고 거듭난 후에 제일 먼저 나타난 현상이 '돈에 대한 욕심'이 사라졌다는 것이다.
"믿는 사람이 다 함께 있어 모든 물건을 서로 통용하고 또 재산과 소유를 팔아 각 사람의 필요를 따라 나눠 주며 날마다 마음을 같이하여 성전에 모이기를 힘쓰고 집에서 떡을 떼며 기쁨과 순전한 마음으로 음식을 먹고 하나님을 찬미하며 또 온 백성에게 칭송을 받으니 주께서 구원 받는 사람을 날마다 더하게 하시니라"(행 2:44-47).

3.
많이 부족하지만 하나님의 말씀을 설교하고 가르치는 사람으로서 가르치기 전에 먼저 살아보고 싶었다. 먼저 살아보고 그 결과로 나타난 실상과 증거를 들고 설교하는 사람이 되고 싶었다.
평생 설교해 오면서 돈에 대한 설교를 참 많이 하였다. 앞에서도 이야기한 바와 같이 나는 사람이 돈에 대하여 바른 이해와 자세를 갖는 것이 하나님을 믿는 사람으로서, 하나님을 믿는 사람답게 사는 데 있어서 가장 중요한 일이라고 생각하였기 때문이다.
돈에 대한 설교를 많이 하기 이전에 내가 먼저 스스로 돈에 대한 훈련을 받았다. 나는 2014년 말까지 10년 이상 금전출납부를 썼다. 나름 돈에 대한 원칙을 세우고 그 원칙을 지키기 위하여, 그것을 확인하고 증거를 남기기 위하여 돈에 대한 기록을 남기기로 작정했다.

금전출납부의 맨 앞 페이지에 나는 이렇게 써놓았다.

'사랑하는 아들 부열, 지열, 정열이에게 돈에 대하여 큰 부끄러움이 없는 아비가 되기 위하여 남기는 기록.'

평균적으로 수입의 절반을 포기하고 절반만으로 사는 것을 목표 삼았다. 수입의 70퍼센트를 포기하고 30퍼센트만으로 살아보려고 했던 해가 있었다. 너무 힘들었다. 그래서 50퍼센트 정도로 낮추었다. 그것도 힘들었다. 연말정산을 해보면 수입의 48퍼센트 정도를 포기하는 수준을 계속 유지하며 살았다.

2014년, 아버지의 유산을 포기하였다. 나에게는 가장 큰 몫의 재산이었다. 감사하게도 식구들이 다 동의해주었다. 그 유산을 포기한 후 금전출납부 쓰는 것을 그만 두었다. 건방지지만 졸업하였다.

큰 아들이 교수가 되면서부터 금전출납부를 쓰고 있는 모양이다. 궁금하지만 개인의 프라이버시라 물어보지 않았다. 그러나 나는 내 아들이 돈과 씨름하고 있다는 것만으로도 감사하다. 그러나 솔직히 마음 한편이 좀 아리아리하다. 그게 그렇게 만만한 싸움이 아니라는 것을 누구보다 잘 알고 있기 때문이다.

4.

내가 스스로에게 걸었던, 평생 걸었던 돈에 대한 훈련을 구체적으로 소개하고 그 훈련에 스스로 동참하기를 권면하고 싶다. 세상엔 입으로만 예수 믿는 사람들이 너무 많다. 옳고 그름은 얼마든지 판단하고 이야기할 수 있지만 저들은 절대로 하나님나라를 위한 전투에 능한 군사가 될 수는 없다.

돈에 대한 훈련은 다분히 율법적이다. 율법주의적이다. 그러니 구태여 이 힘든 훈련에 참가하지 않아도 구원받는 일에는 큰 지장 없다. 그리고 이 훈련을 받고 이겨냈다고 바리새인처럼 길거리에서 팔 벌리고 자랑할 필요도 없다. 또 그렇게 해서도 안 된다. 그러나 진정으로 마하나임의 군사가 되려고 하는 사람은 이 훈련을 피하면 안 된다.

5.
자신 없으면 피해도 된다. 300명만 있으면 되기 때문이다.
잘 생각하고, 기도하고, 도전하라.

죽을힘을 다해 07

MAHANAIM

1.

나의 영적인 아버지이신 임택진 목사님이 청량리중앙교회 담임목사 시절(1960, 61년경) 서울의 제법 큰 교회로부터 담임목사 청빙을 받았다. 그것을 눈치채신 교회 선임 장로님이 임 목사님을 찾아와 간곡하게 만류하였다. 만류하시면서 다음과 같은 말씀을 하셨다. 아마 다급하셔서 그렇게 말씀하셨던 것 같다.

"목사님, 큰 교회가 생활비를 더 많이 드리기 때문이라면 가시지 마세요. 우리도 다음 달부터 목사님 생활비 올려 드리겠습니다."

그같이 말씀하시는 장로님에게 임 목사님은 이렇게 대답하셨다.

"소 시장에 묶어 놓은 소는 부르는 사람에 따라 값이 올라도 가고 내려도 가지만 나는 소 시장의 소가 아닙니다."

목사님은 떠나지 않으셨다. 당연히 생활비를 올려 받지도 않으셨다.

2.

내 일생에 가장 큰 영향을 끼친 임 목사님의 말씀 중 하나다. 그때

나도 굳게 결심했다. '나도 소 시장의 소 노릇은 하지 말아야지.'
진심이었다. 그러나 그게 그렇게 쉽지 않았다.

3.

교회 장로님 중에 제법 큰 회사를 운영하시는 분이 계셨다. 목요일 점심시간에 직장 예배를 드리시곤 했는데, 어느 날 나에게 설교를 부탁하셨다. 1977년의 일이다. 설교를 했더니 교통비라시며 봉투를 주셨다. 7,000원이 들어 있었다. 그 당시 내 한 달 평균 용돈이 만 원 정도였으니 적은 돈은 아니었다. 그날 이후로 거의 한 달에 한 번 꼴로 설교를 하게 되었다. 갑자기 용돈이 넉넉해지게 되었다.
어느 주일날 교회 마당에서 그 장로님의 부인 권사님을 만났다. 직원들이 내 설교를 좋아한다면서 이번 달은 네 주일을 계속해서 설교해 주실 수 있느냐 물으셨다. 갈 수 있다고 대답을 드렸다. 입은 "갈 수 있습니다"라고 대답하고 있었는데, 내 머리에는 딴 생각이 떠올랐다. '4×7=28'
참 부끄러웠다. 속상하리만큼 부끄러웠다. 한 번 설교하면 7,000원을 주는데 이번 달은 네 번을 가니 28,000원이 생기게 되었다는 생각을 한 것이다. 무의식적으로. 번개처럼.

4.

소 시장의 소 노릇 안하고 싶은 게 진심이었는데 '사 칠은 이십 팔'

하고 있었으니 내가 생각하기에도 참 속상하고 한심했다. 평생 '사 칠은 이십 팔'과 싸우며 산다. 최소한 소 시장의 소가 되어서는 안 되지 않겠는가?

임 목사님 은퇴하실 때 교회가 35평 아파트를 하나 사드렸다. 목사님은 돌아가실 때까지 그 아파트에서 사셨다. 목사님이 돌아가시자 그 가족은 다시 아파트를 교회에 돌려드렸다. 교회가 목사님에게 아파트를 빌려드린 게 아니고 사서 드린 것이었는데, 목사님 가족은 그것을 소유하려 하지 않으시고 목사님 돌아가시자 "그동안 잘 살았습니다" 인사하며 교회에 돌려드린 것이다. "나는 소 시장의 소가 아닙니다"라는 말씀을 돌아가시면서까지 지키신 것이다. 곧 은퇴다. 은퇴할 때 목사가 소 시장 소 되기 쉽다. 퇴직금 가지고. 죽을힘을 다해 '소 시장의 소 되는 것'과 싸우고 싶다. 욕심을 버리고 마하나임의 군사가 된다는 건 말처럼 그렇게 만만한 게 아니다. 피나는 노력과 훈련과 기도가 필요한 작업이다. 평생 동안 한 순간도 방심하지 말고 해야 할 수행이다. 마하나임의 군사가 되기 위하여.

08 포기하면 벗어난다

1.

"진리를 알지니 진리가 너희를 자유롭게 하리라"(요 8:32).
내가 참 좋아하는 말씀이다. 정말 그렇다. 진리를 알면 정말 삶의 차원이 달라진다. 유치하고 어리석던 삶으로부터 자유할 수 있다. 예수는 그 자유하는 맛에 믿는다.

반대로 죄와 욕심은 우리에게서 소중한 자유를 빼앗아 간다. 우리를 자유하는 사람이 아닌 종이 되게 하고 노예가 되게 한다. 물질의 노예, 권력의 노예, 정욕의 노예가 되게 한다.

다 아는데 그게 그렇게 쉽지 않다. 원죄 때문이다. 죄와 욕심이 우리의 본성이 되었기 때문이다. 그러므로 누구든지 진리를 알고 그 진리가 우리에게 주는 자유를 맛보려면 죄와 싸워야 한다. 욕심과 싸워야 한다. 피 터지게 싸워야 한다. 마하나임 군사가 싸워야 하는 적은 자신이다. 자신의 죄와 욕심이다.

2.

어떻게 죄와 욕심으로부터 벗어날 수 있을까? 어떻게 죄와 욕심을 버릴 수 있을까? 가치관이 바뀌어야 한다. 가치관이 바뀌면 바뀌기 전의 가치로부터 벗어날 수 있다.

3.

막내가 어렸을 때 '100원'이라는 말을 '엄마, 아빠'라는 말 다음으로 빨리 배웠다. 형들이 100원, 100원 하는 소리를 들었고, 형들과 함께 100원을 들고 가게에 가면 이것저것 자기가 좋아하는 것들을 가지고 올 수 있다는 것을 배웠기 때문이다.
어느 날 아침 출근을 하려는데 막내가 문을 막고 손을 내민다.
"100원."
주머니에 500원짜리가 하나 있어 100원 대신 500원을 주었다. 막내는 500원짜리 동전을 손바닥 위에 올려 놓고 한참을 보았다. 그러더니 그것을 집어던졌다. 그리고 다시 손을 내밀고 외쳤다.
"100원!"

4.

500원의 가치를 모르는 사람은 100원의 욕심으로부터 벗어날 수 없다. 그러나 500원의 가치를 알게 된다면 비로소 100원의 욕심으로부터 자유할 수 있게 된다.

예수님은 니고데모에게 '사람이 물과 성령으로 거듭나지 아니하면 하나님나라를 볼 수 없다'고 말씀하셨다(요 3:5 참조). 물과 성령으로 거듭나 하나님나라를 보는 것이 중요하다. 하나님나라를 보게 되면, 알게 되면, 세상에 속한 욕심으로부터 벗어날 수 있기 때문이다. 사도 바울은 빌립보서 3장 8절에서 예수 그리스도를 아는 지식이 가장 고상함을 깨달았기 때문에 세상의 모든 자랑과 욕심을 다 배설물처럼 여기게 되었다고 고백하고 있다.

500원의 가치를 알면 100원의 욕심을 버릴 수 있다. 물과 성령으로 거듭나 하나님나라를 보게 되면 세상의 욕심을 버릴 수 있고, 그렇게 되면 그가 본 하나님나라의 삶을 실제로 누릴 수 있다. 살 수 있게 된다.

5.

예수님은 승천하시기 전 당신을 따르는 제자들에게 예루살렘을 떠나지 말고 아버지가 약속하신 성령을 기다리라 말씀하셨다. 그러면 몇 날이 못 가서 성령으로 세례를 받게 될 것이라고 말씀하셨다(행 1:4,5). 제자들은 예루살렘에 머무는 것이 위험했음에도 불구하고 예수님의 말씀대로 예루살렘을 떠나지 않고 열심히 성령 받기를 위하여 기도하였다. 그리고 예수님의 말씀대로 몇 날이 못 가서 오순절 성령체험을 하게 되었다.

저들은 모두 성령으로 거듭났다. 하나님나라를 보았다. 순식간에 세상에 대한 욕심이 없어졌다. 누구도 자기의 것을 자기의 것이라고 주장하는 사람이 없어지게 되었다. 서로 필요를 따라 나누었다. 욕심이 사라진 것이다. 그 순전한 마음 때문에 공동체 안에 기쁨이 넘쳤고 사랑이 넘쳤다. 하나님의 나라가 임했다. 그것을 세상 사람들이 보았다.

그리스도인이 되는 것이 위험한 때에, 그리스도인이 되면 세상의 모든 것을 포기하고 심지어 자신의 생명까지 포기해야만 하는 그때에 저들은 실제로 모든 것을 포기하고 예수의 제자가 되기를 결심하고 세례를 받았다.

"이 날에 신도의 수가 삼천이나 더하더라"(행 2:41).

6.

예수님은 마태복음 7장 7절과 8절에서 "구하라 그리하면 너희에게 주실 것이요 찾으라 그리하면 찾아낼 것이요 문을 두드리라 그리하면 너희에게 열릴 것이니 구하는 이마다 받을 것이요 찾는 이는 찾아낼 것이요 두드리는 이에게는 열릴 것이니라"라고 말씀하셨다.

누가복음 11장에도 똑같은 말씀이 나온다. 그런데 조금 다르다. 누가복음 11장 13절에는 이런 말씀이 나온다.

"너희 하늘 아버지께서 구하는 자에게 성령을 주시지 않겠느냐 하시니라."

나는 누가복음의 버전이 더 좋다. 하나님은 우리가 성령 받기를 구하기를 원하고 계신다. 그런데 사람들은 그것을 잘 기도하지 않는다. 성령으로 거듭남에 대한 욕심이 없기 때문이다.

7.

마하나임의 군사가 되어 정말 욕심으로부터 자유하는 사람이 되기 위하여 죄와 욕심과 싸우기를 원하는 사람은, 싸워 이기기를 원하는 사람은 기도부터 하여야 한다. 성령으로 거듭나 하나님나라를 볼 수 있게 해달라고 기도부터 하여야 한다. 그게 먼저다. 우리의 힘과 노력만으로는 절대로 우리 속에 강력한 접착제와 같은 것으로 붙어 있는 죄와 욕심을 떼어 버릴 수 없다. 그러나 성령으로 거듭나면 할 수 있다. 누구나 성령으로 거듭나기를 위해 간절히 하나님께 기도하면 거듭날 수 있다. 거듭나면 자유할 수 있다. 죄와 욕심으로부터 자유할 수 있다. 그러면 새로운 세계를 만날 수 있다. 누릴 수 있다. 그 세계가 곧 하나님나라다.

MAHANAIM

PART 2

훈련의 기초
: 십일조와 이삭줍기

박노자님

MAHANAIM

전우 모으기　09

1.
부족하지만 하나님나라의 군사가 되어 이런저런 싸움을 해보려 하니 힘들다. 당연히 힘들다. 당연히 힘들 줄 알았으니 사실 힘든 것은 별로 힘들지 않다. 견딜 만하다. 그런데 견디기 힘든 일이 하나 있다. 시간이 가면 갈수록 더 힘들어지는 일이 있다. 그것은, 외로움이다.

'뜻을 같이 하여 그 뜻을 위하여 목숨을 걸 수 있는 동지들'이 있었으면 좋겠다는 생각이 들었다. 그런 동지 300명만 있다면 사람들에게 짓밟혀 무너져 가고 있는 한국 교회를 살리고, 세상 사람들에게 모욕당하고 계시는 우리 하나님의 이름이 거룩하게 여김을 받으시는 그런 세상을 만들 수 있겠다는 생각이 들었다. 세상엔 분명 그런 사람들이 있다.

무너져 가는 한국 교회를 마음 아파하고, 우리 때문에 하나님의 이름이 세상 사람들에게 수치를 당하고 있는 상황이 마음 아파 그것을 고치고 회복시키는 일을 위해서라면 자신의 한 목숨 십자가에 걸어도 좋다고 생각하는 사람들이 분명히 있다. 그런 생각을 나만 하고 있는 것은 분명 아니다.

중요한 것은 '규합'이다. 그와 같은 사람들이 함께 모일 수 있다면, 규합할 수 있다면, 그리하여 군대를 이룰 수 있다면 개인적인 싸움은 전투가 되고 전쟁이 되어 큰 싸움을 한판 벌여 볼 수 있을 것이다.

2.

요즘 아이들의 놀이는 스마트폰에서 이루어진다. 옛날 우리가 어렸을 때, 놀이는 동네에서 이루어졌다. 학교에 갔다가 동네 마을로 나가면 놀잇감을 찾아 나온 나 같은 아이들이 언제나 있었다.

이런저런 놀이 중에 하나를 마음으로 결정하면 엄지손가락 하나 치켜세우고 '이거 이거 할 사람 여기 붙어라'라며 소리치고 돌아다닌다. 그러면 아이들이 와서 붙는다. 그러면 놀이가 시작된다. 해지는 줄 모르고 신나게 노는 한판 놀이가 시작된다.

요즘 내 심정이 바로 그것이다.

요즘 내가 하고 있는 짓이 바로 그것이다.

"마하나임 할 사람, 여기 붙어라."

3.

그런데 마하나임은 놀이가 아니다. 마하나임은 전쟁이다. 나는 지금 놀이 친구를 모으려 하는 게 아니라 함께 전장에 나가 싸울 군인을 모으려 하고 있는 것이다.

4.

어렸을 적 동네에 나가보면 놀이 하나만 벌어지는 것이 아니었다. 엄지손가락 치켜들고 함께 놀 친구를 소리쳐 불러대는 놈이 한 놈만 있는 것은 아니었다. 조그마한 동네 마당에서 여러 가지 놀이가 벌어진다. 딱지치기, 구슬치기, 자치기, 기마전….
마하나임도 마찬가지다. 학원 선교, 해외 선교, 군 선교, 농어촌 선교…. 하나님이 교회 목회 은퇴하려는 나에게 새로이 보여주신 마하나임 놀이는, 비즈니스이다. 비지니스를 통한 선교이다. 보통 BAM이라고 부른다. Business As Mission.

5.

마하나임 군대에도 여럿이 있다. 공군, 해군, 육군이 있는 것처럼. 저들이 각기 다른 방식의 전투를 통해 합력하여 하나의 전쟁을 하듯 마하나임의 전투도 마찬가지일 것이다. 앞에서 말한 바와 같이 어떤 사람은 학원 선교, 어떤 사람은 농어촌 선교, 어떤 사람은 군 선교 등 부르심대로 지원하면 된다. 헌신하면 된다.
내가 엄지손가락 치켜들고 제안하는 놀이(전투)에 참여해도 좋고, 다른 놀이와 전투에 참여해도 좋다. 그러나 어느 전투에 참여하든 훈련은 동일하다. 이곳에서 힘든 훈련 마친 후 꼭 나와 함께 전투에 참여하지 않아도 아무 상관없다. 내가 제안하고 선동하는 전투에 참여하면 더 좋겠지만 말이다.

6.
마하나임 할 사람, 여기 붙어랏!

MAHANAIM

주를 위하여 쓰면 풀린다

10

1.

동안교회와 높은뜻숭의교회 시절 사무장을 하셨던 집사님 한 분이 계신다. 매사에 빈틈이 없고 젠틀하신 분이어서 사무장으로 적격이라 생각되어 내가 프로포즈하였다. 감사하게도 수락을 해 주셔서 큰 보물을 얻은 것같이 기쁘고 감사했다.

그런데 그 집사님이 사무장 취임을 앞두고 위암이 발견되어 수술을 받으시게 되었다. 병원에 입원하시기 전, 먼저 집으로 심방을 갔다. 그때 하나님이 수술을 앞둔 환자 심방 때 보통 잘 읽지 않는 말씀을 마음에 주셨다.

예수님이 예루살렘에 입성하실 때 제자들에게 나귀를 풀어오라 말씀하셨다. 제자들이 망설이자 "주가 쓰시겠다 하라 그리하면 즉시 보내리라"(마 21:3)라고 말씀하셨다. 제자들은 예수님이 말씀하시는 대로 하여 묶여 있던 나귀를 풀어올 수 있었다.

그 말씀이 생각나면서 '주가 쓰시면 풀어 주신다'는 사실을 깨달았다. 그래서 그냥 그 자리에서 하나님께 기도하였다.

"아무개 집사님 주를 위하여 쓸 테니까 풀어 주세요. 나귀는 제가 풀어다 드릴 수 있지만 암은 제가 풀 수 없잖아요. 그러니 예수님이 풀어 주세요."

2.

마음속에 확신 같은 것이 왔다. 그 확신을 가지고 예배하며 설교하였다. 그리고 집사님에게 권면하였다.
"집사님, 주를 위하여 쓰겠다고 서원해요."
눈물 콧물 다 쏟으며 기도하고 예배하였다. 그리고 수술을 받으셨다. 위를 거의 다 절제하는 중한 수술이었다. 수술 후 물 세 숟가락도 잘 드시지 못할 정도였다. 그러나 잘 회복되셨다. 지금 현재 20년이 넘도록 재발없이 건강하시게 생존 중이시다. 아멘.
그와 같은 사건을 통하여 나는 평생에 복이 되는 중요한 원칙을 발견하고 깨달을 수 있었다. 그것은 '주를 위하여 쓰면 풀린다'는 사실이다.

3.

베드로가 마태복음 16장에서 "주는 그리스도시요 살아 계신 하나님의 아들이시니이다"라는 신앙고백을 하자 예수님은 베드로에게 천국 열쇠를 주셨다. 베드로가 예수님을 믿으니 예수님도 베드로를 믿을 수 있으시게 되었기 때문이다. 만일 베드로가 입으로만 "주여,

주여" 하고 실제로는 믿지 못했다면 예수님도 베드로를 믿을 수 없으셨을 것이다. 그러면 천국의 열쇠를 맡길 수 없으셨을 것이다. 천국이 아까워서가 아니라 믿음 없는 베드로가 감당하지 못하고 타락할까봐 그러셨을 것이다.

베드로가 예수 그리스도를 자신의 주(主)로 고백하자 예수님은 베드로에게 세상은 물론 하나님나라까지 다 맡기실 수 있으셨다. 베드로가 천국의 열쇠를 받았다는 것도 '주를 위하여 쓰면 풀린다'는 말씀의 증거라고 할 수 있다.

'주를 위하여 쓰면 풀린다.'

4.

나는 그 말씀이 논리적으로 이해가 된다. 뿐만 아니라 부족하지만 나의 가정생활과 목회생활에서 정확하게 입증된 말씀이기도 하다. 조심스럽지만 하나만 간증하고 싶다.

높은뜻숭의교회는 '보이지 않는 성전 건축 프로젝트'를 진행하고 있었다. 학교 강당을 예배당으로 빌려 사용하고 있던 교회는 예배당 건축을 뒤로 미루고 그 대신 하나님이 기뻐하시는 일을 먼저 하기로 결정하였다. 그것은 탈북자와 사회적 취약 계층민들을 자립시켜 시편 128편에서 말씀하신 바와 같이 '손이 수고한 대로 먹을 수 있는 복된 세상'을 만들어주는 일이었다. 그냥 쉽게 말해서 집보다 일을 먼저 하자는 것이었다.

그것을 우리는 '보이지 않는 성전 건축'이라고 하였다. 사탄이 그 일을 방해하였다. 예배당으로 사용하고 있던 학교가 나가달라는 공문을 보내온 것이었다. 비상사태였다. 다행히 우리에게는 보이지 않는 성전 건축을 위하여 헌금한 200억이라는 돈이 있었다. 그 돈을 용도 변경하여 먼저 보이는 예배당의 문제를 해결하고 나중에 '보이지 않는 성전 건축 프로젝트'를 하면 되는 것이었다.

그러나 그때 하나님이 나와 우리 교회에 주신 말씀이 누가복음 9장 62절이었다. 그것은 "쟁기를 잡고 뒤를 돌아보는 자는 하나님의 나라에 합당하지 아니하니라"라는 말씀이었다. 그 말씀에 순종하기로 결의하였다. 단돈 10원도 보이는 예배당 문제 해결을 위하여 보이지 않는 성전 건축 헌금을 사용하지 않기로 결의하였다.

사탄이 내 마음에 '길바닥에서 예배드려 볼래'라고 말했다. 조금도 망설임 없이 '길바닥에서 예배드리면 되지, 뭐'라고 대답하였다. 정말로 그럴 작정이었다. 길바닥에서 예배를 드리게 되면 교회 이름을 '높은뜻광야교회'로 바꿀 작정이었고, 그렇게 교인들에게 설교하며 선포하였다.

5.

결론만 이야기하면 그 때문에 교회는 2009년 1월, 넷으로 분립되었다. 지금은 일곱이 되었다. 그때보다 보이는 교회는 곱절 정도 성장하였다. '보이지 않는 성전 건축 프로젝트'는 대성공을 거두게 되었다. 열매나눔재단, 열매나눔 인터내셔널 재단, 둘이 많이 성장하여 그때는 상상도 하지 못했던 하나님이 기뻐하시는 많은 일들을 감당하고 있다.

상도 받았다. 수십억 원짜리 예배당 건물도 선물로 받았고, 천 억 원이 넘는 유산을 받아 미래나눔재단이라는 재단을 세워 역시 탈북자들과 사회적 취약 계층민들을 위하여 이런저런 큰일들을 잘 감당해 오고 있다.

'주를 위하여 쓰면 풀린다.'

믿음을 가지고 베드로와 같이 행동하면 천국의 열쇠를 받는다. 그러면 하나님이 공급해 주시는 그 엄청난 힘을 가지고 우리는 모든 전쟁에서 승리할 수 있게 된다.

6.

그러므로 마하나임의 군사로서 제일 먼저 받아야 할 훈련은 '주를 위하여 쓰는 훈련'이다. 그것은 다시 말해 욕심을 버리는 훈련이다. 말은 쉽고, 이해도 쉽지만, 실천하기는 어렵다. 그래도 회피할 수 없다. 단단히 각오하시기 바란다. 하나님이 기드온에게 말씀하셨던 것처럼 두려운 사람은 돌아가도 좋다. 하나님이 300명은 예비해 놓으셨으리라 믿는다.

11 강추, 십일조 훈련

MAHANAIM

1.

우리 교회에는 특전사 출신 장로님이 계신다. 얼마 전 인기리에 끝난 드라마, 〈태양의 후예〉에 나오는 알파부대와 같은 전투를 수행하셨던 분으로 알고 있다.

특전대원들이 낙하산을 타고 적진에 뛰어내리기 위하여 '레펠'이라고 하는 타워에서 약 3개월 정도 점프 연습을 한다고 한다. 그런데 그 레펠의 높이가 10미터란다. 이유를 물었더니 그 높이가 사람이 가장 공포를 느끼는 높이기 때문이란다. 더 높이 올라간다고 더 무서워지지는 않는단다. 거기가 제일 무서운 높이기 때문이다. 그 이상은 비슷비슷하단다. 때문에 10미터 레펠에서 뛸 수 있으면 하늘에서도 뛸 수 있게 된다는 것이다.

그 이야기를 듣자마자 내 머리 속에 엉뚱한 생각이 지나갔다.

'알았다. 십일조란, 사람이 돈에 대하여 가장 공포를 느끼는 액수구나.'

'십일조를 뗄 수 있으면 돈에 대한 욕심과 공포를 극복할 수 있다.'

2.

개인적으로 나는 십일조 헌금을 매우 중히 여긴다. 나 스스로에게는 아주 엄격히 요구하여 거의 율법주의적으로 지키려고 노력하여 왔다. 나는 십일조에 관한 말라기서의 말씀을 문자적으로 믿는다. 쉽게 말해 온전한 십일조 생활을 하면 하나님이 복을 쌓을 곳이 없도록 부어 주신다는 말씀 말이다. 나는 그것을 기복적으로가 아니라 논리적으로도 설명할 수 있다.

그러나 그럼에도 불구하고 내가 온전한 십일조 생활을 중히 여기는 까닭은 쌓을 곳이 없도록 물질적인 복을 받고 싶어서가 아니다. 그리고 그런 말로 교인들에게 십일조를 설교하고 강조하고 싶지도 않다.

나는 온전한 십일조 생활이 돈에 대한 욕심을 제어하는데 가장 좋은 훈련이 될 수 있다고 생각한다. 그리고 돈에 대한 욕심을 제어할 수 있으면 그 밖의 다른 욕심들은 비교적 쉽게 제어할 수 있을 것이라고 생각한다. 그래서 나는 마하나임의 군사로서 욕심과 싸워 하나님나라를 쟁취하려고 하는 사람은 누구나 이 훈련을 통과하여야 한다고 생각한다. 십일조 훈련 말이다.

십일조 훈련은 욕심을 버리고 죄와 싸워 이 땅에 하나님의 나라를 세우고자 하는 마하나임의 군사들에겐 없어서는 안 될 최상의, 그리고 최고의 훈련이라고 나는 생각한다.

3.

나름 자신에게 엄격한 잣대를 들이대며 십일조 훈련을 실시하였다. 흠 없는 십일조를 하나님께 드리기 위하여 거의 율법적으로 십일조 생활을 하였다. 교인이 사과 한 상자를 선물해도 십일조를 떼었다. 돈으로 쉽게 계산하기 어려운 과일이나 생선은 그냥 10개 중의 하나를 떼었다. 제일 좋고 실한 것으로. 그리고 그것을 집 가까이에 있는 장애우 공동체에 가져다주곤 하였다.

4.

미국에서 목회하시는 어느 목사님으로부터 미국 교회 청년들의 십일조 서원에 대한 이야기를 들었다. 미국 교회에는 청년 때에 하나님께 십일조 서원을 하는 친구들이 많단다. 대개 이런 식으로 한단다.
'하나님, 연봉 10만 불까지는 십의 일조를 드리겠습니다.'
'연봉 10만 불에서 15만 불까지는 십의 일점 오조를 드리겠습니다.'
'연봉 15만 불에서 20만 불까지는 십의 이조를 드리겠습니다.'
그렇게 해서 십의 구조까지를 약속한단다. 그리고 그 약속과 서원을 지키는 친구들이 꽤 있단다. 그 이야기를 듣고 그달부터 나도 그와 같은 약속을 하고 누진십일조 생활을 연습하였다. 그것을 정확하게 하기 위하여 금전출납부를 쓰기 시작했다. 최고로 많이 드렸던 해는 십의 칠조를 드렸다. 너무 힘들고 쪼들려서 수정하였다. 평균 십의 사점 칠팔조 정도 하였다. 물론 그 돈은 선교비와 구제비를 다 포함한 돈이다.

사실 그렇게 장부까지 적지 않아도 교회 생활을 열심히, 그리고 정직히 하시는 장로님, 집사님, 권사님들도 평균 십의 이삼조 정도는 하신다. 그보다 조금 더 열심히 했다고 할 수 있다.

10년 동안 장부를 적고 실천하다가 2014년 말로 장부 적기를 그만두었다. 이젠 내 신앙의 근육이 기억할 수 있을 것이라는 생각이 들어서이다.

5.

나는 이 훈련의 덕을 제법 보았다. 하나님이 말라기서 3장에서 '온전한 십일조를 하면 황충을 금하고 기한 전에 열매가 떨어지지 않고 땅에 쌓을 곳이 없도록 복을 쏟아부어주겠다'고 말씀하신 것이 그냥 하신 말씀이 아니라는 것을 알게 된 것도 제법 큰 덕이라고 할 수 있다.

그러나 보다 더 중요한 것은 이 훈련을 통하여 확실히 돈에 대한 욕심이 제법 많이 줄어들게 되었다는 것이다. 돈에 대한 욕심이 어느 정도 제어되다 보니 돈 때문에 추해지는 일을 확실히 덜할 수 있게 되었다. 돈에 대한 욕심이 어느 정도 컨트롤 되다 보니 다른 것에 대한 욕심도 덩달아 제어되었다. 그래서 나는 마하나임의 군사가 되려고 하는 분들에게 온전한 십일조 훈련을 강추하고 싶다.

6.

군인은 나라를 위하여 생명을 바쳐야만 하는 사람들이다. 그것을 우리는 헌신이라고 한다. 헌금도 제대로 못하는 사람이 하나님과 하나님의 나라를 위하여 헌신을 할 수는 없는 법이다.

그러므로 하나님과 하나님의 나라를 위하여 정말 헌신하고 싶으시다면 헌신을 위하여 헌금 훈련부터 제대로 받아 보실 수 있기를 권한다. 마하나임의 군사 300명에 정말로 들고 싶으시다면 그냥 밥 굶을 각오하고 온전한 십일조부터 시행해 보실 수 있기를 바란다.

7.

나와 같은 뜻을 가진 사람들이 있다면 그들과 함께 힘을 합하여 이 땅에 하나님의 나라를 건설하는 마하나임의 군사가 되어 이 땅에 하나님나라를 건설하기 위하여 최선을 다하고 싶다. 함께 뜻을 같이 할 300명이 있으면 좋겠다.

MAHANAIM

굶지도, 죽지도 않는다   12

1.

꽤 오래 전 이야기다. 영국에서 집회를 하였다. 후배 목사님 교회에서 집회를 하였는데 영국에서 유학하고 있는 유학생들이 집회에 많이 참석하였다. 모든 집회 때 십일조 설교를 하는데 그 집회 때는 유난히 십일조 이야기를 많이 하였다.

집회를 마치고 돌아오는 날 아침, 한 유학생 부인으로부터 전화가 왔다. 은혜를 많이 받았다고. 특히 십일조에 대해서. 그런데 질문이 있다고 하였다. 자기는 지금 십일조를 하려면 아기 밥을 굶겨야만 가능한데 그래도 십일조를 해야만 하느냐는 것이 그녀의 질문이었다. 그 질문을 울면서 하였다.

마음이 아팠다. 가슴이 먹먹했다. 아기 밥을 굶겨야만 십일조를 할 수 있다면, 그렇다면 지금 자기는 밥을 굶고 있다는 뜻이 아닌가?

2.

십일조 못해도 괜찮다고 대답해 주었다. 그런 상황에서 십일조를

십일조와 이삭줍기 71

못하는 것 때문에 죄의식 가질 필요 없다고 말해 주었다. 그리고 조금 심한 표현을 썼다. 하나님이 무슨 고리대금업자냐고. 사람도 그렇게 모질게 안하고 못하는데, 어떻게 하나님이 그럴 수가 있으시겠느냐고 대답해 주었다.

나는 지금도 그 대답이 옳다고 생각한다. 나는 성경 어디에서도 그런 인정사정없는 하나님을 본 적이 없다.

살다보면 정말 십일조하기 어려운 상황과 형편에 처할 때가 있다. 그와 같이 힘들고 어려운 상황에서 십일조 생활을 못하는 것에 대하여 그것을 죄스러워 할 필요는 없다고 나는 생각한다.

3.

그러나 그럼에도 불구하고 나는 그 유학생 부인에게 엉뚱한 한마디를 더 보탰다. 그것은 어떻게 보면 무서운 한마디였다.

"그런데 나라면 한 번 해볼 겁니다."

가끔은 하나님을 궁지(?)로 몰아야 한다고.

4.

동안교회 청년 하나가 영국에 유학을 갔었다. 엄청 가난한 집 청년이었는데 유학을 갔었다. 유학 중에 결혼을 하였다. 신부도 엄청 가난한 집 청년이었다. 내가 결혼주례를 해 주었다.

신랑이 신부에게 금반지 세 돈과 금목걸이 한 냥을 예물로 주었다.

그런데 신부는 그 금목걸이가 가짜라고 내게 이야기해 주었다. 가슴이 철렁하였다. 신랑의 워낙 가난하여 금목걸이를 진짜로 사주지 못하고 가짜로 사주었는데 그게 들통난 것이라고 생각했기 때문이었다. 그러나 다행히 그건 아니었다.

당시 동안교회는 건축 중이었다. 그런데 건축을 위하여 벽돌 한 장도 헌금을 못했는데 어떻게 금목걸이를 하고 다닐 수 있겠느냐고 신부가 고집을 부려 목걸이는 가짜로 사서 하고 금 한 냥 값을 건축헌금으로 내어놓았던 것이다. 가슴이 먹먹하였다.

당시 동안교회는 건축비만 100억 정도 들었다. 그때 금 한 돈이 약 4만 원 정도였으니 한 냥이라고 해봤자 40만 원 정도밖에 안 되는 돈이었다. 100억 건축비 중에 40만 원은 있으나 없으나 별 차이가 없는 그런 돈에 불과했다. 그러나 그 젊은 부부의 헌금 40만 원은 돈으로 계산할 수 있는 헌금이 아니었다.

그 친구들이 내가 영국 유학생 부인에게 '가끔 하나님을 궁지로 몰아야 한다'고 한 이야기를 들었다. 그 친구들도 십일조를 떼면 밥을 굶어야만 하는 상황이었는데 그 이야기를 듣고 용기를 내서 십일조를 떼기 시작하였다. 정말로 밥을 굶으면서도 십일조를 떼기 시작했다. 저들 부부는 진짜로 하나님을 코너로 몰았던 것이다.

당연히 저들은 죽지 않았다. 처음엔 좀 굶었지만 결국 굶지도 않게 되었다. 그 다음 이야기는 기복적으로 들릴 수도 있기 때문에 하지 않으런다. 그런데 분명한 것은 다분히 기복적이라고 할 수 있는 일들이 실제로 저들에게 일어났다. 그건 사실이다.

5.

입과 머리로 믿는 하나님은 별로 어렵지 않다. 그러나 정말 삶으로 하나님을 믿는 것은 생각처럼 만만치 않다. 꼭 죽을 것 같고, 망할 것 같고, 안 될 것 같다.

'죽으면 죽으리라'는 배짱이 없다면 작은 믿음 하나도 실행할 수 없다. 십일조 하나도 제대로 할 수 없다.

마하나임의 군사들은 하나님을 코너로 모는 배짱이 있어야만 한다. 그것을 훈련하여야 한다.

6.

페이스북에 십일조에 관한 글을 올리면 많은 사람들이 떨어져 나갈 줄 알았다. 페이스북 마당이 한산해질 줄 알았다. 그러나 그렇지 않았다. 깜짝 놀랐다. 그 부담스러운, 공포스러운 십일조 글에 많은 친구들이 동조하였다. 놀랐고, 감사했다.

기드온의 300명 정도의 군사일 줄 알았는데, 바알에게 무릎 꿇지 않은 7,000명이 있는 것 같다는 느낌을 받았다.

마하나임의 군사가 7,000명이라면 금상첨화지 뭐.

한판 붙어볼 만하지 뭐.

300명만 있어도 해 볼 만했는데 말이다.

솔직히 켕기면서도 도망하려 하지 않고 도전해 보려고 하는 근사한 친구들이 많은 것 같아 많이 흥분하고 있다.
OK! 제대로 한판 붙어 보자.

13　끝이 아닌 시작

MAHANAIM

1.

제일 하기 힘든 이야기 중에 하나는 '돈'이다. 그건 나도 예외가 아니다. 중학교 때인가 마포에 간 일이 있었는데 돌아올 차비가 없었다. 그때 버스비가 아마 100원이었던 것 같다. 버스 안내양이 있었을 때인데 아마 사정을 이야기했다면 태워줬을 것이다. 그러나 난 그냥 걸어서 회기동까지 왔다. 구차하게 돈 이야기하기 싫어서이다. 허기까지 져서 참 혼났던 기억이 지금까지 생생하다. 지금 똑같은 상황이 벌어져도 아마 난 100퍼센트 틀림없이 그냥 걸어올 거다. 그만큼 돈 이야기는 나에게도 힘들다.

2.

교인들이 내게 붙여준 별명 같은 것이 있다. 하나는 '가까이하기엔 너무나 먼 당신'이고, 또 다른 하나는 '세상에서 돈 이야기 제일 잘하는 목사'이다. 둘 다 맞는 말이다. 특히 '세상에서 돈 이야기 제일 잘하는 목사'라는 말은 더더욱 그렇다.

정말 나는 설교 시간에 돈 이야기를 참 많이 한다. 세상에 나만큼 설교 시간에 돈 이야기 많이 하기도 쉽지는 않다. 그러나 설교 시간에 돈 이야기를 자주, 그리고 많이 하는 까닭은 그것이 즐거워서가 아니다. 쉬워서도 아니다. 아직도 나는 돈 이야기하는 것이 마포에서 굶고 허기진 상태로 걸어오는 것보다 더 어렵다. 그러나 나는 한다. 그것이 중요하기 때문이다.

3.
하나님나라를 위하여 얼마 전 인기리에 방송이 끝난 〈태양의 후예〉에 나오는 유시진 대위나 서대영 상사와 같은 군인이 되고 싶고, 같은 마음과 정신을 가진 사람들을 규합하여 피 터지게 한 번 싸워 보고 싶은 마음이 나이가 들어가면 갈수록 더 새로워지기 때문이다.
마하나임의 군사가 되기 위하여 훈련이 필요하다. 나는 이 글을 훈련교재라 생각한다. 그리고 그 글에서 나는 지금 또 결국 돈 이야기를 꺼내 들었다.
얼마 전에 내 페이스북 팔로워가 10만을 넘었다. 매일 올리는 글을 평균 5,6만 명 정도가 보시는 것 같다. 돈에 대한 이야기를 쓰면서 나름 각오(?)를 하였다. '팔로워가 300명으로 줄어도 좋다. 뜻을 같이 하여 함께 싸울 군사 300명을 얻을 수 있다면 남은 여생 갈렙처럼 한 번 근사하게 하나님나라를 위하여 다시 인생을 불태울 수 있겠다'는 생각이 강하게 들었다.

십일조에 대한 이야기부터 시작하였다. 나와 생각이 다른 사람을 비판할 마음 없다. 그러나 나는 온전한 십일조를 드리는 훈련이 마하나임 군사가 받아야 할 가장 기본적인 훈련이라고 생각한다. 그래서 온전한 십일조를 드릴 수 없는 상황에서라도 '죽으면 죽으리라'는 각오와 결심을 가지고 한 번 하나님을 궁지로 몰아보자는 꽤나 선정적(?)이고 선동적인 글을 올렸다.

뜻밖에, 내 생각과 예상과는 달리 꽤나 많은 친구들이 동의하고 동조하고 나섰다. 얼마나 감사한 일인지 말로 다할 수 없다.

4.

질문과 토론을 사양한다고 했다. 감사하게도 많은 분들이 질문과 토론을 절제해 주셨다. 그런데 가장 보편적이고 일반적인 질문이 나왔다. 그건 '십일조를 꼭 교회에 내야만 하느냐' 하는 질문이었다. 그리고 질문은 아니었지만, '교인들이 십일조를 내는 것도 중요하지만 교인들이 낸 십일조를 십일조의 정신에 맞게 교회가 바로 잘 사용하는 것이 우선 중요하다'는 이야기도 있었다.

어차피 십일조를 마하나임 군대의 훈련의 하나로 보았으니, 좀 더 분명한 훈련을 위하여 내가 가지고 실행하고 있는 원칙을 이야기해 보려고 한다. 나는 원칙으로 삼고 있지만 그렇다고 그것만이 원칙이라고 생각하지는 않는다. 그러니 참고하고, 나름의 판단을 내리면 좋을 것 같다.

5.

나는 십일조를 교회에 낸다. 개인적으로 하고 싶은 선교나 구제를 십일조로 하지는 않는다. 이유는 간단하다. 십일조는 내 돈이 아니기 때문이다. 십일조는 내 돈이 아니라 하나님의 돈이기 때문이다. 십일조로 나는 빵을 사지 않는다. 내 돈이 아니기 때문이다. 빵은 십일조를 뗀 나머지 돈, 하나님이 내게 허락해 주신 내 몫의 돈으로 산다. 그와 같은 동일한 이유로 나는 십일조로 선교나 구제나 후원을 하지 않는다.

6.

교인들의 피 같은 십일조를 제대로 사용하지 못하고 엉뚱한 곳에 낭비하는 교회들이 제법 많이 있다. 내가 교인이라도 그와 같은 교회에 십일조 헌금을 드리고 싶지 않을 것이다. 그리고 실제로 그와 같은 교회에는 헌금하지 말아야 한다. 그와 같은 이유 때문에 교회에 십일조를 내지 않고 자신이 직접 선교나 구제에 사용하는 사람들이 꽤 많은 것으로 알고 있다.

십일조를 드리는 것이 꺼려지는 교회는 교회에 헌금을 안 하는 것 정도로는 부족하다. 떠나야 한다. 그리고 십일조가 아니라 생명을 바쳐도 아깝지 않을 교회를 찾아야 한다. 아니면 지금 다니고 있는 교회를 그런 교회로 만들어야 한다. 나는 십일조 내기조차 꺼려지는 교회를 왜 다니는지 솔직히 그 이유를 잘 모르겠다.

그리고 죽기 살기로 좋은 교회를 찾고, 십일조를 그 교회에 내는 것이 옳고 좋다. 왜 학교는 좋은 학교를 찾아 천지 사방을 헤매면서 교회는 그냥 적당히, 가까운 교회를 선택하는지 난 잘 이해가 가지 않는다. 좋은 교회를 찾아 그 교회에 십일조 내고 그 돈에 손대지 말아야 한다. 내 돈이 아니기 때문이다.

7.

눈치채셨으리라 생각하는데, 마하나임 군사는 온전한 십일조가 끝이 아니다. 끝이 아니라 시작이다. 하나님나라를 이 땅에 세우기 위하여 꼭 필요한 일 중 하나는 선교와 구제다. 나는 이 글에서 새로운 패러다임의 선교와 구제에 대한 이야기도 할 작정이다. 당연히 그 선교와 구제를 위해서도 돈이 필요하다.

그런데 중요한 것은 내가 바라고 기대하고 기도하는 마하나임의 군사는 그 돈을 하나님의 돈인 십일조로 결제하는 사람이 아니었으면 좋겠다는 것이다.

엄밀히 이야기하자면 십일조는 헌신이 아니다. 내 것이 아닌 것을 떼어놓는 것을 어떻게 헌신이라고 할 수 있겠는가? 진정한 헌신은 십일조를 넘어선 이후에 시작된다고 할 수 있다. 하나님이 내 몫으로 허락하여 주신 것을 포기하고 주를 위하여 쓰는 것이 진정한 헌신이라고 나는 생각한다.

8.

십일조는 특전대원들이 훈련 받는 레펠 타워만큼 무섭고 살 떨리는 (?) 헌금이다. 그러나 특전대원들의 최종목표는 레펠이 아니다. 하늘이다. 하늘에서 점프하는 것이다. 마하나임의 군사도 마찬가지다. 십일조는 전쟁이 아니라 훈련이다. 전쟁은 아직 시작도 하지 않았다. 그러므로 각오해야 한다.

9.

둘째 아이가 제일 먼저 군에 입대하였다. 둘째가 군에 입대할 때 교인 중에 육사 8기생이 계셨는데 그 집사님이 우리 둘째에게 정말 기막힌 말씀을 해 주셨다.

"훈련을 받다 보면 죽을 것 같은 공포를 느낄 때가 있을 거다. 훈련은 그만큼 무섭고 힘들다. 그러나 잊지 말아라. 그 훈련을 받다가 죽은 사람은 거의 없다는 것을. 훈련받다 사고로 죽은 사람보다는 교통사고로 죽은 사람이 훨씬 많다는 것을. 그리고 수십만, 수백만 명의 훈련병들이 무사히 그 훈련을 받고 제대하였다는 것을 잊지 말아라."

마하나임 훈련도 마찬가지다.

끝까지 같이 가자.

갈 수 있다.

할 수 있다.

될 수 있다.

"내게 능력 주시는 자 안에서 내가 모든 것을 할 수 있느니라"(빌 4:13).

아멘!

MAHANAIM

풍요로운 가난

14

1.

내 아이들에게 나는 무엇보다 '돈'을 가르치려고 노력해왔다. 입으로, 말로 가르친 적은 거의 없다. 부족하지만 생활 속에서 아비 된 내가 먼저 실행하는 삶으로 가르치려고 노력해왔다. 감사하게도 그와 같은 교육은 실패하지 않았다.

마하나임 글쓰기도 마찬가지다. 무슨 이론 강의와 설명이 아니라 평생 살아보고 그것을 통하여 조금씩 조금씩 체득된 경험의 조심스러운 간증들이다. 잘 나누어져서 확대되고 재생산되었으면 하는 마음으로 기도를 가지고 용감하게 쓴다.

누가 뭐라고 해도 이 글은, 적어도 평생 예수 조금이라도 잘 그리고 바르게 믿어 보려고 애써왔던 내 작은 몸부림이고 발버둥질이다.

2.

1988년 말, 영락교회 협동목사로 부임하였다. 1982년 1월, 부목사로 부임하여 교회를 섬기다가 1984년 6월에 교회를 떠나 승동교회 담임목사가 되었다. 영락교회가 협동목회를 제안하여 1988년 말에 다시 영락교회로 돌아온 것이었다. 나는 교육을 담당하였는데 교회는 협동목사인 나에게 담임목사와 똑같은 대우를 해 주었다.

특히 교인들이 많이 반가워해 주었다. 부임한지 얼마 되지 않아 크리스마스가 되었는데 적지 않은 교인들이 이런저런 선물들을 보내 주셨다. 워낙 교인들이 많은 교회다 보니 그 선물들이 집에 가득차게 되었다.

솔직히 그 풍요로움과 풍족함이 좋았다. 특히 평생 가난하게 살아오셨던 우리 어머니가 누구보다 좋아하셨다. 그런데 그렇게 살아보니 그게 꼭 좋은 것만은 아니었다.

3.

어느 날 아내가 걱정을 하였다. 이런저런 선물들이 많이 들어오다 보니 아이들이 고마운 줄을 모른다고. 귀한 줄을 모른다고. 귀한 것이 없다고. 그 아내의 걱정이 하루 종일 내 귓가를 맴돌았다.

'귀한 줄을 모른다고?'

'귀한 것이 없다고?'

그렇다면 그건 가난함이었다. 귀한 것이 없어서 귀한 것이 없는 가난보다 너무 귀한 것이 많아서 귀한 것이 없어진 가난은 아주 질이 나쁜 '악성 가난'이라는 생각이 들었다. 지나친 풍요로움이 내 사랑하는 자식들을 '악성 가난뱅이'로 만들고 있었던 것이다.

그때 큰아이가 열한 살, 둘째가 아홉 살, 막내가 일곱 살 때였다. 저녁에 집에 돌아와 아이들에게 그 걱정을 이야기하며 나누었다. 큰아이가 기막힌 제안을 하였다.

"너무 많아서 가난해졌다면, 없애면 되잖아요."

기막힌 생각이었다. 우리는 그 기막힌 생각을 당장에 실천으로 옮겼다.

4.

집에 들어온 모든 선물들을 40여개의 봉투에 담았다. 그리고 닥치는 대로(?) 그것을 우리보다 어려운 이웃들과 나누기 시작했다. 신문배달 청년, 미화원 아저씨, 심지어는 봉투를 들고 육교에서 구걸하고 있는 걸인들에게까지 다 나누어 드렸다.

저녁을 먹고 난 후 아내에게 사과 한 쪽 먹자고 하였다. 그랬더니 아내가 집에 사과가 없다고 대답하였다. 우리 먹을 것 조금 남기고 돌렸어도 되는데 식후에 사과 한 쪽 먹을 것이 없게 다 없앴던 것이다. 사과가 없다니 더 먹고 싶었다. 그래서 집 앞 가게에 가서 사과 몇 알을 사다가 먹었다. 그때 큰아이가 소리를 쳤다.

"야, 이제 우리도 부자다."

"뭐가 부자냐? 사과도 한 알 없는데."

큰아이가 대답하였다.

"사과가 귀하잖아. 이제 우리 집에도 귀한 것이 있게 되었잖아."

5.

그날 우리 집의 우발적인 퍼포먼스는 매우 중요한 교육적 효과를 우리에게 가져다주었다. 인생에 있어서 금 주고도 바꿀 수 없는 소중한 깨달음을 깨달을 수 있게 해 주었다. 그것은 지나친 풍요로움이 우리를 오히려 가난하게 한다는 사실이었다. 그리고 그 가난은 '보통 가난'이 아니라 아주 질이 나쁜 '악성 가난'이라는 것을 깨달았다. 그것은 지나친 비만이 우리 건강의 가장 큰 적이 되는 것과 같은 이치였다. 큰아이가 제안한 것은 다름 아닌 '다이어트'였던 것이다.

건강한 생활을 위하여 체중을 조절해야 하듯, 보다 더 중요한 건강을 위하여 우리는 '부'를 조절할 줄 알아야만 한다. 나는 아이들에게 나만 잘 먹고 잘 사는 것은 잘 사는 것이 아니라는 것을 가르쳐 주고 싶었다. 진정한 부요함은 그것을 소유하지 못해 고통당하고 있는 이웃들과 함께 나누는 것임을 가르쳐 주고 싶었다.

아이들에게 '돈'을 가르칠 때 내가 가르치고 싶었던 핵심은 '몫'이었다. 내가 열심히 일하고 노력하여 돈을 벌었어도 그게 다 내 것만은 아니라는 것을 가르치고 싶었다. 그 돈 중에는 하나님이 허락해 주신 '내 몫'이 있다. 그러나 그 돈 중에는 '하나님의 몫'이 있다.

이에 대해 우리가 이야기하고 나눈 '십일조'였다. 나는 아이들에게 십일조를 제일 먼저 가르쳤다. 그리고 하나 더 가르친 것이 있다. 그것은 내가 열심히 노력하고 번 돈 중에 '가난한 이웃의 몫'이 있다는 것이었다.

6.

나는 마하나임의 군사가 되기를 원하는 사람들은 다 나와 우리 아이들이 받았던 그런 훈련을 받아야만 한다고 생각한다. 그건 돈이 많아 남아도는 사람만이 받을 수 있는 훈련이 아니다. 우리 아이들이 그 훈련을 받을 때 우리 아이들은 돈이 남아도는 부자가 아니었다. 다 써도 모자라고 아쉬운, 빠듯한 자신들의 용돈을 가지고 훈련을 받았다. 마하나임의 훈련은 가난한 사람도 예외가 아니다. 열외가 아니다. 모두가 동일하게 받아야만 한다. 그리고 받을 수 있다. 남이 그 훈련을 받나 안 받나 신경 쓸 것 없다. 나만 신경 쓰면 된다.

7.

마하나임 군사로서의 첫 번째 훈련은 '온전한 하나님 몫 떼기', 곧 십일조에 관한 것이었다. 마하나임 군사로서의 두 번째 훈련은 하나님이 내게 맡겨 주신 '가난한 이웃의 몫 떼기'에 관한 것이다.
앞으로 나와 나의 아이들을 위하여 실천하였던 몇 가지 방법을 통하여 어떤 식으로, 얼마나 가난한 이웃을 위하여 몫을 떼어야 하는가를 쓰고, 나중에 그 돈을 어떻게 사용하여 가난한 자들을 도울 수 있을 것인지에 대한 나름 전술적이고 전략적인 방법에 대해 나누려고 한다.

예수님은 율법을 하나님 사랑과 이웃 사랑으로 아주 간결하게 정리해 주셨다. 나는 하나님의 몫과 가난한 이웃을 위한 몫을 떼는 것으로 구체적인 하나님 사랑과 이웃 사랑의 실천을 삼았다. 예수님도 물질이 있는 곳에 네 마음도 있다고 하지 않으셨는가?

훈련은 언제나 어렵다

1.

나는 방위 출신이어서 제대로 된 훈련을 받아 보지 못했다. 그래도 3주간 정도의 군사 훈련을 받았다. 그것도 쉽지 않았다(현역병들에게 미안하지만).

아들 셋은 다 현역으로 제대했다. 둘째와 셋째는 유격 조교 생활까지 하였다. 큰아이는 공군 장교 생활을 하였다. 아이들을 통하여 군대 훈련 받던 이야기를 들으면 이야기만 듣는데도 가슴이 저리저리하다. 완전군장을 하고 산악 훈련을 받으며 행군하던 이야기, 가스실에서 폐가 터질 것 같은 고통을 이겨내야만 했던 이야기 등등.

훈련은 다 인간의 한계상황을 넘나드는 극단을 이겨내는 것들로 구성되어 있었다. 세상에 부담 없이 운동하듯 받는 훈련은 없다. 헬스클럽에서 살을 빼고 몸을 만들기 위하여 받는 훈련도 상상을 초월하는 고통을 감내해야만 하는 훈련으로 구성되어 있다.

올림픽 마라톤에서 금메달을 땄던 황영조 선수가 메달을 딴 후 인터뷰를 하면서 했던 이야기들이 생각난다. 도로에서 마라톤 훈련을 받을 때 너무 힘들어서 옆에서 달려가는 차에 뛰어들어 죽고 싶었었 단다. 어느 메달리스트는 훈련을 시키는 코치를 죽이고 싶었다고 이야기했다. 하물며 군사 훈련이야 말해서 무엇하랴?

2.

나는 지금 마하나임의 군사로서 하나님나라를 위한 전쟁을 성공적 으로 수행하기 위한 훈련을 이야기하고 있다. 그 훈련을 받고 마하 나임의 군사가 되자고 선동하고 있다. 내게는 어느 정도 선동의 은 사가 있다. 내게 선동의 은사가 있는 까닭은 내가 누구보다도 선동 을 잘 당하기 때문이다.

마하나임의 군사가 되기 위한 훈련이 쉽지 않을 거란 생각은 대개 하고 있을 거다. 그런 생각도 없이 도전하려고 하지는 않을 것이다. 그런데 과연 우리가 예상하고 각오하는 훈련의 강도는 어느 정도일 까?

자신 있게 이야기할 수 있는데 앞으로 내가 이야기하고 요구하는 훈련을 감내하고 졸업할 수 있는 사람은 지금 분위기처럼 그렇게 많지는 않을 것이다. 세상에 부담 없는 훈련은 없다. 부담 없는 훈 련은 훈련이 될 수 없다. 부담 없는 훈련을 받고 전쟁에서 승리할 수 있는 군대는 없다.

3.

나도 숙달된 조교 흉내를 낼 수 없다. 그래도 이만큼의 훈련도 결코 쉽지 않았다. 나는 청빈주의자가 아니다. 나는 물질과 부를 무조건 죄악시하는 영지주의자도 아니다.

나는 아파트도 있고, 큰 차도 있고, 일 년에 한 번은 온 가족을 데리고 휴가 여행도 다닐 수 있으리만큼 여유도 있다. 그리고 그것을 감사한 마음으로 즐긴다. 특별히 나는 건강과 안전을 위한 일에는 돈을 아끼지 않는다. 핑계지만, 그래서 나는 차도 제법 큰 차를 타고 다닌다. 크고 비싼 차를 오래 타는 것으로 과도하게 지출된 돈을 줄여보려고 하기는 한다.

그래도 나는 내가 살 수 있는 것보다는 제법 가난하게 살려고 나름 노력한다. 소위 나의 청부론을 반대하는 사람들이 주로 이야기하는 자발적 가난의 삶을 살려고 부족하지만 발버둥질 친다.

나는 아직까지 손님들 초청해서 생일잔치 한 번도 해 보지 못했다. 하려고 하면 얼마든지 할 수 있었는데 그게 잘 되지 않았다. 환갑잔치도 못했다. 아내도 못해 주었다. 대신 환갑잔치 몫으로 내 때도, 아내 때도 3만 불 정도 헌금을 하여 선교지에 보냈다. 환갑 기념으로.

나는 내 이름으로 등기된 아파트가 있다. 은퇴 때 교회에 폐 안 끼치려고 절약하고 저축하여 마련한 아파트다. 나만 아파트 사는 게 죄스러워서 하나님께도 아파트 한 채 사드렸다. 내 아파트보다 아마 쬐끔 비싼 아파트일지도 모른다.

팔아서 아이들에게 주려고 했다면 작은 아파트 한 채씩은 사 줄 수 있었던 아버지의 유산을 포기하고 재단을 세웠다. 탈북자와 다문화가정과 같은 사회적 취약 계층민들을 자립시키고 자활시키기 위하여 세운 재단이다.

4.

하나님을 위한 몫, 십일조는 하나도 안 어렵다. 내게 정말로 어려운 것은 어려운 이웃들을 위하여 나누려고 하는 몫이다. 나를 위해서는 조금 절제하고(절약이 아니다. 절약 정도로는 부족하다) 하나님이 내게 주신 부요를, 그것을 누리지 못하는 사람들과 조금이라도 함께 나누려고 노력한다.

5.

언젠가 아내에게 물었다. 이제 은퇴하면 우리 교회는 원로제도가 없으니 교회가 월급을 주지 않을 터인데, 그러면 지금보다 훨씬 빠듯한 삶을 살아야 할 터인데 한 달에 얼마면 살 수 있겠느냐고 물었다.

아내는 아무렇지도 않게 "150만 원이면 충분히 살지 뭐"라고 대답했다. 나도 월 150만 원이면 살 수 있다. 자신 있다. 목회 생활하면서 자진해서 국가에 세금을 납부했다. 덕분에 국민연금 시작할 때부터 연금을 넣기 시작했는데 지금 매월 146만원 정도 수령을 한다. 연금만으로도 최저생활은 보장된 셈이다. 나는 그 돈으로도 기죽지 않고 우울해 하지 않고 남들 부러워하지 않고 항상 기뻐하고 범사에 감사하며 건강한 삶을 살 자신 있다.

진정한 삶의 능력과 실력은 많은 돈으로 행복하게 사는 것이 아니다. 적은 돈으로도 바울이 이야기한 바와 같이 자족하며 사는 것이다. 그리고 그래야만 남을 도울 수 있는 힘을 키울 수 있게 된다. 나 먹을 것 다 먹고, 나 쓸 것 다 쓰고, 나 하고 싶은 것 다 하고는 남 도울 수 있는 힘과 실력을 갖출 수 없다.

6.

우리 집 식탁은 내가 결혼을 한 후 처음으로 샀던 것이다. 30년도 넘은 것 같다. 의자는 각기 짝이 다르다. 소파도 연세가 그 정도 되었다. 처음에는 가죽소파였는데 가죽이 낡아서 벗겨 버리고 남겨진 뼈대에 스펀지 사다가 아내가 커버를 씌워서 사용하고 있다.

이젠 하나 바꾸려고 한다. 나는 할 수 있는 대로 절제는 하려고 하지만 구두쇠는 아니다. 자린고비는 절대로 아니다. 나는 어느 한쪽으로 치우치는 것 싫어한다. 그래서 우리 집 고물딱지 소파 옆에는 몇 백만 원짜리 안마기도 있다. 둘째가 돈 벌어서 기념으로 사준 안마기다.

7.

마하나임의 군사가 되려면 이런저런 이유와 핑계 들이대면서 십일조 모면하려고 하면 안 된다. 그리고 어려운 이웃을 위하여 후원금 좀 무겁게 내는 것으로 자위해서도 안 된다.

MAHANAIM

사랑하면 버릴 수 있다　16

1.

마하나임 군사로 쓰임 받기 위한 구체적인 훈련 중의 하나는 '물질에 관한 선한 청지기 되기'이다. 복잡하지는 않은데 실천하여 살기는 절대로 만만치 않다. '물질에 관한 선한 청지기 되기' 훈련은 크게 '하나님 몫 떼기'와 '어려운 이웃 몫 떼기'로 정리할 수 있다. 예수님이 율법을 하나님 사랑과 이웃 사랑으로 정리하신 것과 같은 맥락의 정리라고 할 수 있다. 하나님 몫 떼기는 십일조다. 온전한 십일조다.

온전한 십일조에 대해 이론(異論)이 있는 분들이 있다. 논쟁하고 싶은 마음 없다. 십일조 없이도 얼마든지 하나님 사랑하고 하나님나라를 위하여 싸울 수 있다면 그렇게 하시면 된다. 나는 십일조를 기본이라 생각하고, 그 기본이 안 되면 결국 유능한 전사가 될 수 없다고 생각하는 사람이다. 나는 나와 같은 생각과 뜻을 가진 사람들을 모아 전투를 할 것이다.

십일조를 꼭 교회에 내야만 하는가에 대해서도 나와 다른 생각을 가진 사람들이 있다. 십일조 자체를 부인하는 사람들보다는 훨씬 낫다고 나는 생각한다. 그러나 나는 십일조는 본시 내 돈이 아니기 때문에 십일조를 가지고 선교나 구제와 같은 전투를 하는 일이 불편하다. 옳지 않다고 생각한다.

십일조는 다니는 교회에 내고(십일조를 내도 속상하지 않은 교회를 다니고), 하나님이 내게 허락하신 내 몫의 돈을 가지고 선교나 구제와 같은 전투에 임할 사람들을 '규합'하고 싶다.

2.
미리 선포하였지만 하나님이 허락하신 내 몫의 돈에서 선교와 구제와 같은 전투를 하기 위하여 떼어야 할 몫이 만만치 않다. 조금 절약하여 조금 부담스러운 정도의 헌금이나 후원을 하는 정도로는 따라오기 힘들 것이다. 희생과 헌신을 각오해야만 될 수준을 요구할 것이다. 가볍게 생각하고 쉽게 참여할 일이 아니다.

3.
사람이 욕심을 버린다는 것은 참 어려운 일이다. 그러나 원리를 알고, 이치를 알면 어려운 일도 아니다. 어려운 일이 아닐 뿐 아니라 오히려 즐거운 일이다. 즐거운 일을 넘어서 행복한 일이다. 사람은 욕심을 채울 때 행복해지는 것이 아니라 욕심을 버릴 수 있을 때, 욕심을 버릴 수 있는 일과 사람을 만날 때 행복하다.

어떻게 하면 욕심을 버릴 수 있을까? 힘들고 어려운 일을 마다하지 않고 도전할 수 있을까? 답은 간단하다. 사랑하면 된다. 사랑하면 욕심을 버릴 수 있고, 힘들고 어려운 일도 마다하지 않고 도전할 수 있다.

4.
우리 아버지는 1904년생이시다. 우리 아버지 고향에서 제일 먼저 양복을 입으신 분 중에 하나시란다. 그냥 양복을 입으신 정도가 아니라 멋을 부리실 줄 아는 패셔니스타셨다. 골프 바지에 스타킹을 신을 줄 아는 분이셨고, 영하 15도, 20도의 날씨에도 바지 주름 죽는다고 내복을 안 입고 다닌 분이셨단다.

당시에도 관광차 일본, 홍콩, 상해, 베트남을 여행다니셨고, 당구, 사이클, 테니스(당시는 정구)를 치셨을 뿐 아니라 피겨 스케이트를 타셨던 당대의 대표적인 멋쟁이셨다.

그런 아버지가 피난 내려와 늦은 나이에 나를 낳으시고 학교 수위 생활을 하셨다. 멋쟁이 47세의 아버지에게 양복 한 벌이 없었다. 아버지의 유니폼은 면 반팔(런닝 셔츠)과 반바지셨다.

한 달에 쌀 한 가마 반 정도의 월급이셨던 아버지는 용돈을 거의 한 푼도 쓰지 않으셨다. 은퇴 후에도 집 밖 출입을 거의 하지 않으셨다. 밖에 나가서 친구들과 어울리면 이래저래 용돈을 써야 하는데 우리 집이 그럴 여유가 없었기 때문이다. 아무리 어려워도 그렇게까지는 안 하서도 되었는데 우리 아버지는 그렇게 하지 않으셨다. 그 덕분에 우리는 집을 살 수 있었다.

그 덕분에(?) 우리 아버지는 일찍 돌아가셨다. 아버지는 건강과 체력이 남다른 분이셨기 때문에 당시에도 백 수를 하실 분으로 여겨지셨는데 우리 나이 73세에 돌아가셨다.

5.
이북에서의 우리 아버지를 잘 아시는 아버지 친구분들은 이런 아버지의 생활을 도저히 이해하지 못하셨다. 그 분들이 이해하시는 우리 아버지는 '천하의 아무개'셨다. 그런 우리 아버지가 런닝 셔츠 바람에 학교 수위와 소사 노릇을 하고 있는 것이 도무지 이해가 되지 않으셨다. 나는 내가 아직 초등학생이었을 때 그냥 지나가듯 하신 말씀을 잊지 않고 있다.

"마흔 일곱에 너를 낳고 보니 학교 수위가 뭐냐? 똥 구루마라도 끌겠더라."

천하의 우리 아버지는 나 하나 때문에 당신의 모든 것을 다 포기하셨다. 부인하셨다.

사랑하면 버릴 수 있다. 포기할 수 있다.

무거운 짐을 질 수 있다. 십자가도 질 수 있다.

6.

마하나임의 군사가 되려면, 그러므로 무엇보다 먼저 '하나님 사랑하는 법'을 배워야 한다. '하나님 사랑하는 법'을 마스터하지 않고 무리하게 십일조니 뭐니 하며 무리하면 다친다. 하기도 어려울 뿐 아니라 혹시 하게 되면 그것이 자기 의가 되어 '루시퍼'가 되기 십상이다. 하나님의 군대가 아니라 자기 군대를 만들기 십상이다.

하나님을 사랑하게 되면, 사람 사랑하게 되는 것은 쉽다. 하나님을 사랑하게 되면 하나님이 사랑하시는 모든 것이 사랑스러워지기 때문이다.

하나님은 사람을 사랑하신다. 특히 가난하고 외롭고 힘들고 상처받은 영혼들을 사랑하신다. 그래서 하나님을 사랑하게 되면 하나님이 사랑하시는 그 가난하고 외롭고 힘들고 상처받은 영혼들이 사랑스러워지게 되는 것이다. 사랑하게 되면 저들을 위해 자신의 몫을 포기하는 것이, 권리를 포기하는 것이 어렵게 느껴지지 않는다. 어렵게 느껴지지 않을 뿐 아니라 오히려 행복해지는 것이다.

7.

그러므로 마하나임의 군사가 되려면 무엇보다 하나님 사랑하는 법을 배우고 익혀야 한다. 그래야만 힘들고 어려운 훈련을 받을 수 있고, 훈련을 넘어 생명을 걸어야 하는 전투에도 임할 수 있다.

높은뜻숭의교회 시절, 보이지 않는 성전 건축의 일환으로 재단을 세우고 탈북자들의 자활을 위하여 '메자닌아이팩'이라는 박스 공장을 세웠었다. 사업의 '사'자도 모르는 목사가, 박스의 '박'자도 모르던 우리가 남한 노동자도 아닌 탈북 노동자를 고용하여 공장을 하겠다는 것 자체가 무모한 일이었다. 그래서 나는 정말 그 사업과 프로젝트를 '미션 임파서블'이라고 불렀다.

우여곡절 끝에, 정말로 우여곡절 끝에 박스 공장이 흑자를 내었다. 탈북자들의 공장이 흑자를 내자 130여개의 언론이 이 기사를 신문과 방송에 올렸다.

둘째 아들이 그 기사를 스크랩하여 자기 홈페이지에 올려놓은 후 다음과 같은 글을 써올렸다. 아마 평생 잊을 수 없는 최고의 훈장 중 하나가 아닐까 싶다.

"한 사람의 역량이라고 말할 순 없지만 윤동주가 말하던 팔복처럼 슬픈 현실에 대해 순수하게 슬퍼하고, 그것을 위해 행동하고 고민하고 괴로워하고, 그러고 나서 얻은 훈장 같은 칭찬을 기쁘게 받아들이는 모습이, 그가 내 아버지인 걸 자랑스럽게 한다."

그리고 한 대목을 더 적었다.

"예수를 사랑하여 그가 사랑하는 사람을 품고 예수에게 늘 무엇인가를 해 주고 싶어 하는 목사가 당신이라는 게 얼마나 다행인지 모른다."

둘째는 아비가 탈북자들을 나름 사랑으로 섬기려고 했던 이유가 예수님을 사랑했기 때문이라고 해석했다. 그래서 예수님이 사랑하는 사람들을 가슴에 품은 것이라고 해석했다. 정답이었다. 정말 그랬다. 자식에게 그런 평가를 받았다는 것이 너무 감사하고 행복했다. 아이의 글에 댓글을 달았다.

"지열아, 아버지 죽거든 아버지 묘비에 '예수를 사랑하여 그가 사랑하는 사람들을 품고 예수에게 늘 무엇인가를 해 주고 싶어 한 사람, 여기 잠들다'라고 적어주렴."

8.

마하나임 되든 무엇이 되든, 싸움을 하든, 전투를 하든, 그 모든 것의 단 하나의 이유는 '하나님 사랑'이다. 하나님 사랑하는 마음 없이 하는 모든 행위는 그것이 무엇이든지 간에 순수하지 못하다. 그리고 성공할 수 없다. 마하나임의 군사가 되려고 하는 자는 하나님을 사랑하여야 한다. 힘써 하나님을 사랑하여야만 한다.

"너는 마음을 다하고 뜻을 다하고 힘을 다하여 네 하나님 여호와를 사랑하라"(신 6:5).

17 이삭줍기의 시작

MAHANAIM

1.

1988년, 영락교회의 교육담당 협동목사로 부임하였다. 영락교회 담임목사셨던 임영수 목사님이 팀목회를 제안하셔서 협동목사라는 제도가 생겨났는데 협동목사에게는 담임목사와 똑같은 페이를 지급하였다. 38세에 받던 영락교회 담임목사 페이는 컸다.

2.

그때 막 우리나라에 개인용 컴퓨터가 보급되기 시작했을 때다. 아이들이 컴퓨터를 사달라고 하였다. 그때 컴퓨터 가격이 약 50만 원 정도 하였다. 적지 않은 돈이었다. 그런데 큰 부담 없이 척 사주었다. 그렇게 할 수 있었다.

기분이 좋았다. 마음이 좋았다. 어려서 늘 가난했었는데 아이들에게 아이들이 원하는 것을 부담 없이 해 줄 수 있는 생활의 여유로움이 좋았다. 솔직히.

3.

그날 저녁 텔레비전 뉴스에 천호동에 사는 일가족 네 명이 집세 보증금 올려 달라는 것을 못 올려 주는 것을 비관하여 집단 자살을 하였다고 나왔다. 부부가 어린 남매와 함께. 그 아이들은 우리 아이들 나이 또래였다. 그런데 그 돈 액수가 50만 원이었다. 내가 부담 없이 척 지불하여 아이들에게 사준 컴퓨터 가격과 같았다.

그게 참 미안했다. 미안한 것을 넘어 힘들었다. 조금 많이 힘들었다. 그래서 하나님에게 조금 짜증을 냈다. 내가 뭘 그리 큰 잘못을 했다고 이렇게 마음을 힘들게 하시느냐고, 아이들 컴퓨터 사준 게 그렇게 잘못된 일이냐고, 아이들 컴퓨터 사주면 안 되는 것이냐고.

4.

하나님이 레위기 19장의 말씀을 마음에 주셨다.

"너희가 너희의 땅에서 곡식을 거둘 때에 너는 밭모퉁이까지 다 거두지 말고 네 떨어진 이삭도 줍지 말며 네 포도원의 열매를 다 따지 말며 네 포도원에 떨어진 열매도 줍지 말고 가난한 사람과 거류민을 위하여 버려두라 나는 너희의 하나님 여호와이니라"(레 19:9,10).

5.

꿀병을 담았던 오동나무 상자로 저금통을 만들었다. 그리고 그 저금통에 '이삭줍기'라고 써 붙였다. 아이들이 물었다. 아이들에게 어제 컴퓨터 산 일과 우리 컴퓨터와 같은 액수의 돈이 없어서 일가족 네 명이 자살한 사건을 이야기해 주었다. 아버지가 많이 괴로웠다는 이야기와 하나님이 레위기 19장의 말씀을 생각나게 하셨다는 것을 이야기해 주었다. 이제부터 가난한 이웃을 위한 이삭을 모아보자 이야기하였다. 저금통에 메모지 하나를 붙여 놓았다. 누구든지 돈을 넣거든 누가, 얼마를, 어떻게 마련해서 넣었는지를 적으라 하였다. 큰아들이 제일 먼저 이삭줍기 통에 돈을 넣었다.
"김부열, 120원, 방바닥에서 주운 돈."
그게 우리 집 이삭줍기의 시작이었다. 자동차 세차를 직접하고 1,500원을 이삭줍기 통에 넣었다. 세차비가 당시 3,000원이었는데 절반은 내가 쓰고, 절반은 가난한 이웃이 쓰도록 통에 넣었다. 백화점에서 세일을 하는데 좋은 가격에 좋은 점퍼를 하나 샀다. 10,000원을 이삭줍기 통에 넣었다. 그 점퍼 10,000원을 더 줬어도 좋은 가격이라 생각했기 때문이다.
어떤 모양으로든지 내게 돈이 생기거나 유익이 생기면 그것을 조금이라도 가난한 이웃과 나누려는 생각을 그때부터 갖고 실천하게 되었다.

6.

영락교회 고등부 아이들에게 그 설교를 하였다. 아이들이 그 설교를 듣고 이삭줍기 운동을 시작하였다. 아이들이 한 달 동안 이삭을 모아 첫 주일에 헌금을 하였다. 헌금 봉투에는 액수와 사연이 적혀 있었다.

"팥빙수 먹고 싶었는데, 500원."

"칼국수 대신 사발면, 800원-300원=500원."

"시설 좋은 독서실 월 12,000원, 후진 독서실 8,000원. 좋은 독서실 등록한다고 집에서 12,000원 받아서 8,000원짜리 독서실 등록하고 4,000원 이삭줍기."

영락교회 고등부 아이들이 이삭줍기 운동을 시작한 것이 1989년이었다. 놀라운 일은 지금까지 그 일이 지속되어 오고 있다는 것이다.

7.

마하나임의 군사가 되기 위한 두 번째 훈련으로 이삭줍기를 시작해 보시기를 권하고 싶다. 첫 번째 훈련은 온전한 십일조 내기이고, 더 정확하게 이야기하면 교회에 내기이다.

"너희가 너희의 땅에서 곡식을 거둘 때에 너는 밭모퉁이까지 다 거두지 말고 네 떨어진 이삭도 줍지 말며 네 포도원의 열매를 다 따지 말며 네 포도원에 떨어진 열매도 줍지 말고 가난한 사람과 거류민을 위하여 버려두라 나는 너희의 하나님 여호와이니라"(레 19:9,10).

나는 가난한 이웃을 위하여 밭 네 귀퉁이를 베지 않는 농부의 마음이 좋다. 떨어진 이삭을 줍지 않는 주인의 마음이 좋다. 어떤 주인은 일부러 곡식단을 밭에 떨어트리곤 했다는 이야기도 들었다. 나는 그런 마음씨를 가지고 이 세상을 살아가고 싶다. 그것을 내 자식과 후손들에게 가르치고, 함께 하나님나라를 위하여 싸워야 할 마하나임의 동지들과 나누고 싶다.

MAHANAIM

가장 큰 헌금   18

1.

1991년 12월, 동안교회 담임목사가 되었다. 담임목사로 부임하면서 이삭줍기를 실시하였다. 일 년 예산이 10억 원 정도였을 때 이삭줍기 헌금이 1억 원 정도가 되었다. 1억 원은 지금도 큰 돈이지만 당시에도 적지 않은 돈이었다.

교회를 중심으로 7개 동회 동장님을 초청하여 함께 식사하면서 그 1억 원을 어떻게 쓰는 것이 제일 좋을까를 의논하여 집행하였다. 동장님들이 독거노인이나 소년소녀가장 중 주민등록상에 부모나 자식이 남아 있어서 국가가 주는 지원을 받을 수 없는 분들을 교회가 해 주셨으면 좋겠다는 말씀을 하셔서 그 사업을 실시하였던 것이 기억난다. 돈을 통장으로 넣어드리지 않고 교인들이 매달 찾아가 만나서 인사도 하고 이야기도 들어드리며 지원금을 예의를 갖추어 전달해 드렸는데, 받으시는 어르신도 어르신이지만 우리 교인들이 더 좋아하고 은혜를 받았던 기억이 난다.

2.

이삭줍기 헌금을 열심히 하시는 교인 한 분이 나에게 "이삭줍기 헌금의 기준이 무엇입니까?"라는 질문을 하였다. 다시 말해 어느 정도 선에서 하는 것이 좋은가를 묻는 물음이었다. 그 질문을 받고 도대체 밭의 네 귀퉁이를 뗀다는 것은 어느 정도를 떼는 건가를 계산해 보았다.

가로, 세로가 각기 10인 밭은 면적이 100이 된다. 그 밭의 네 귀퉁이를 계산하려면 내접한 원의 면적을 구해야 한다. 정사각형에 내접한 원을 계산하는 식은 반지름×반지름×3.14이다. 78.5였다.

네 귀퉁이를 뗀다는 것은 그냥 산술적으로만 계산한다면 21.5퍼센트에 해당되었다. 깜짝 놀랐다. 귀퉁이라고 해서 만만하게 생각했더니 그게 아니었다. 처음부터 교인들에게 십일조 외에 21.5퍼센트의 이삭줍기를 강조한다는 것이 너무 무리인 것 같아 다른 성경을 찾기 시작했다. 신명기 14장 28절 말씀이 생각났다.

"매 삼 년 끝에 그 해 소산의 십분의 일을 다 내어 네 성읍에 저축하여 너희 중에 분깃이나 기업이 없는 레위인과 네 성중에 거류하는 객과 및 고아와 과부들이 와서 먹고 배부르게 하라 그리하면 네 하나님 여호와께서 네 손으로 하는 범사에 네게 복을 주시리라."

삼 년의 십일조니까 대략 삼십분의 일조라고 계산했다. 삼십분의 일조라면 또 대략 한 달 수입 중 하루 분에 해당한다고 생각되었다. 그래서 교인들에게 한 달의 하루 몫은 가난한 이웃을 위하여 이삭줍기로 드리자는 제안을 하였다.

3.

교회 출석하시는 교인 중에 독거노인 할머니 한 분이 계셨다. 그 할머니는 공장에서 일당을 받으며 일하여 생계를 이어가시는, 정말 가난한 할머니셨다. 그 할머니가 이삭줍기 헌금을 하셨다.

"11,000원." 그리고 "공장 하루 품삯"이라고 쓰셨다. 그리고 그 다음 달에는 13,000원을 내셨다. 그리고 잔업을 해서 2,000원을 더 받았기 때문이라고 13,000원을 내신 이유를 적으셨다. 내가 목회하면서 받았던 헌금 중에 가장 큰 헌금이라고 나는 생각한다. 죽을 때까지 그날 받았던 은혜와 감동은 잊지 못할 것이다.

4.

이웃을 위한 몫 나누기는 부요한 사람만 할 수 있는 것이 아니다. 한 달에 약 30만 원 정도 버시면서 그중 하루 몫인 11,000원과 13,000원을 이삭줍기 하셨던 할머니를 생각하면 이웃을 위한 몫 떼기는 노숙자만 아니면 누구나 다 할 수 있다. 아니, 노숙자도 할 수 있다(만일 노숙자가 진짜로 이 이삭줍기를 한다면 그는 100퍼센트 그 형편과 처지에서 벗어날 수 있게 될 것이다).

5.

마하나임의 군사가 되려거든 먼저 한 달 수입의 하루 몫은 나 아닌 다른 이웃의 몫으로 몫 떼기를 시작하라. 이번 달부터 당장. 이삭줍기를 거실에 저금통 하나 갖다 놓고 오며 가며 동전 몇 푼씩 모아 그걸 좋은 일에 쓰는 것 정도로 가볍게 생각하지 말고. 그리고 거기서 그치지 말고 자꾸 연습하고 훈련하여 결국 21.5퍼센트를 실천하는 사람이 되라. 아무리 힘들고 어려워도, 가난해도 한 달의 하루 몫은 이삭줍기 하라. 마하나임의 군사가 되려면.

이와 같이 하라

19

1.

어떤 율법사가 예수님을 시험하느라고 질문을 하였다.

"내가 무엇을 하여야 영생을 얻으리이까?"

예수님이 즉답을 피하시고 도리어 율법사에게 질문하셨다.

"율법엔 뭐라고 되어 있느냐?"

율법사가 대답하였다.

"하나님을 사랑하고 또 이웃을 사랑하라 하였습니다."

예수님이 말씀하셨다.

"네 대답이 옳도다. 이를 행하라."

율법사가 또 물었다.

"누가 이웃입니까?"

2.

누가 이웃이냐고 묻는 율법사의 질문에 대답하시기 위하여 예수님은 우리가 잘 아는 선한 사마리아 사람의 이야기를 해 주셨다. 강도 만나 죽어가는 사람을 보고 그냥 지나간 제사장, 레위인 그리고 그를 불쌍히 여겨 건져주고 나귀에 태워 여관까지 데려다주고 자기가 비용을 주고 치료를 부탁한 사마리아인의 이야기를 예수님을 하셨다. "누가 이웃입니까?"라는 질문의 답은 '강도 만난 사람'이다. "강도 만난 것과 같은 삶을 살아가는 사람들이 네 이웃이다." 이렇게 대답하시면 된다. 그런데 예수님은 도리어 율법사에게 질문하신다.
"네 생각에는 누가 강도 만난 자의 이웃이냐?"

3.

율법사가 예수님의 질문에 대답하였다. "자비를 베푼 자니이다."
예수님이 말씀하셨다. "가서 너도 이와 같이 하라."
질문만을 남발하는 율법사에게 예수님은 끊임없이 "이를 행하라", "이와 같이 하라"고 말씀하신다. 말장난 그만하고 행동하라는 말씀이시다.

4.

통쾌하다. 예수님 참 통쾌하시다. 마하나임 군사 훈련에 대한 이야기를 물고 늘어지자, 슬슬 발을 빼기 시작하는 낌새가 느껴진다. 예상했던 바다. 그러나 별로 중요하지 않다.
나는 제사장인가? 레위인인가? 사마리아인인가? 지나가지 말라.

하나님의 덫에 걸리라. 정말로 마하나임의 군사가 되려거든.

마하나임의 군사는 피해가는 사람이 아니다. 스스로 덫에 걸려드는 사람이다. 죄인인 우리에게 하나님의 말씀과 뜻은 정말 덫같이 느껴진다. 그러나 하나님의 덫은 참 신기해서 피하면 죽고 걸리면 산다. 자기만 사는 것이 아니라 남도 살리고 하나님나라도 살린다. 그러니 조금 무섭고 부담스럽지만, 그래서 슬쩍 피해가고 싶지만, 눈 딱 감고 걸리자.

PART **3**

훈련의 핵심
: 재정의 균형 잡기

바슐라르

MAHANAIM 20

나의 높은 곳

1.

아이들이 어렸을 때 설악산으로 여름휴가를 간 적이 있다. 설악산 가는 길에 홍천 쪽에서 군인으로 근무하고 있던 친구가 있어 그 집에 들러 하루를 함께 지냈다. 아이들과 함께 아침 일찍 일어나 산책을 하는데 군인들이 참호처럼 파놓은 구덩이에 물이 고여 있었고 거기에 개구리 몇 마리가 놀고(?) 있었다.

참호 구덩이가 어른 허리만큼 되어서 그 개구리들은 참호에서 나올 수 없는 상황이었다. 걱정이 된 아이들이 마침 가지고 있던 잠자리채를 이용하여 개구리를 구출하려 하였다. 그런데 이 개구리들이 잡히면 죽는 줄 알고 죽어라 도망 다녔다.

몇 놈은 잡았다. 몇 놈은 끝내 놓쳤다. 잡힌 놈은 아마 '이젠 죽었구나'라고 생각했을 것이다. 그러나 그 놈들은 살았다. 끝내 도망 간 놈들은 아마 '하마터면 죽을 뻔했네'라고 생각했을 것이다. 그러나 그 놈들은 죽었을 것이다. 죽을 뻔한 것이 아니라….

2.

하나님의 말씀은 생명이다. 생명으로 인도하는 문이다. 그런데 좁다. 험하다. 그래서 마치 그 말씀에 붙잡혀 살면 죽고 망할 것 같다. 그래서 슬슬 피해 다닌다. 아니, 죽기 살기로 도망 다닌다. 그러나 도망가면 죽는다. 피하면 죽는다. 잡혀야 산다. 하나님과 하나님의 말씀은 어리석은 우리에게 마치 '덫' 같아 보인다.

3.

이삭줍기에 대한 페이스북 글에 정말 근사한 댓글이 달렸다. 함께 나누고 싶다.

"8년 전 갑자기 남편을 하나님나라에 보내고 날이 갈수록 조여드는 상황이었을 때, 지출을 최대한 줄이면서 매달 빠져나가는 몇 군데 후원금을 취소하려고 은행 문 앞까지 갔는데, 도저히 용기(?)를 못 내고 '그래, 굶게 되면 같이 굶자' 하는 용기(?)를 가지고 돌아왔습니다. 지금도 그 마음 주신 주님을 찬양합니다."

"그래, 굶게 되면 같이 굶자!"

얼마나 근사한 생각이고 말이고 행동인가? 듣기는 쉽고, 보고 감동하기는 쉽지만, 살기는 어려운 생각이고 말이고 행동이다. 우리 마하나임 군사들이 공유했으면 하는, 그래서 모두가 그렇게 되었으면 하는 바람이다.

세상엔 참 훌륭한 사람들도 많다. 감사한 일이다.

4.

흠 없는 온전한 십일조. 어떤 이유로도, 아무리 선한 의도를 가지고 사용한다고 하여도 절대로 손대지 않은 온전한 십일조. 그 십일조 외에 한 달 수입의 하루 분에 해당하는 이삭줍기. 그러나 그것은 미니멈 스타트. 이삭줍기의 골은 21.5퍼센트. 이것만으로도 숨이 찰 일이다. 벅차다.

그러나 죄송하지만 이제 시작일 뿐이다. 조금 더 가야 한다. 그러나 흠 없는 온전한 십일조를 통한 하나님 몫 떼기와 이삭줍기를 통한 이웃 몫 떼기를 실천하기 시작했다면 조금 더 갈 수 있다. 우리도 모르는 사이에 훈련되고 단련되고 있기 때문이다.

5.

산에 가면 처음이 힘들다. 몸이 풀리지 않았기 때문이다. 근육이 풀리지 않았기 때문이다. 그런데 어느 정도 오르다 보면 올라가는 게 조금씩 편해지고 쉬워진다. 몸이 풀렸기 때문이다. 근육이 풀렸기 때문이다.

내 경험에 의하면 온전한 십일조와 한 달의 하루 몫의 이삭줍기를 실천하는 것까지가 제일 힘들었다. 힘들었지만 포기하지 않고 계속 실천하고 실행하면서부터 몸이 풀리기 시작하였다. 믿음의 근육이 풀리기 시작하였다. 근육이 풀리면서 근육이 생기기 시작하였다. 그 다음부터는 오히려 쉬워졌다. 쉽지 않은 일이 쉽게 여겨지는 것을 경험하면 정말 기분이 좋아진다. 정말 힘든 산 정상에 올라 아래를 내려다보는 것과 같은 근사함이 있다.

6.
이제부터 조금 더 힘든 훈련과정을 소개할 것이다. 당장 실천 못해도 상관없다. 아니, 너무 서두르지 않는 것이 더 좋다. 너무 무리할 것 없다. 온전한 십일조와 이삭줍기를 어느 정도 꾸준히(빠지지 말고, 중도 포기하지 말고) 하는 것이 중요하다. 그리고 어느 정도 훈련이 되었다 싶으면 다음 훈련에 도전하라.

하박국 3장 19절에 보면 "주 여호와는 나의 힘이시라 나의 발을 사슴과 같게 하사 나를 나의 높은 곳으로 다니게 하시리로다"라는 말씀이 있다. 나는 부족하지만 하박국 선지자가 고백한 "나의 발을 사슴과 같게 하사 나를 나의 높은 곳으로 다니게 하시리로다"라는 말씀이 무슨 말씀인지 안다. 그 황홀함을 안다.

하찮은 세상 욕심 버리고 무화과나무가 무성하거나 말거나, 포도나무에 열매가 있거나 없거나, 감람나무에 소출이 있거나 없거나, 밭에 식물이 있거나 없거나, 우리에 양과 외양간에 소가 있거나 없거나 항상 기쁘고 감사한 삶의 황홀함을 조금은 안다. 나도 조금은 안다.

그곳으로 모두를 초청하고 싶다. 함께 가자고 독려하고 싶다.
일어나 함께 가자.

당당하게 조르라   21

1.

외사촌 형님 한 분이 계신다. 꽤 부자시다. 삼남매를 두셨는데 큰 아이가 딸이다. 그 큰조카도 벌써 오십 줄이 다 되었다. 그 조카가 대학에 다닐 때였는데 우리 형님이 자기 딸 머리를 장난처럼 쥐어박으면서 '아버지 노릇 할 재미가 없어'라고 말씀하셨다.

왜 그러시느냐고 내가 묻자, 아버지에게 용돈을 달라거나 무엇을 사달라고 조르는 법이 없다는 것이었다. 정해 놓고 주는 용돈을 얼마나 알뜰하게 쓰는지 늘 돈이 모자라지를 않아서 아버지에게 뭘 조르는 법이 없다는 것이다. 기특하기는 한데 아버지 노릇 할 재미는 없다는 게 우리 형님의 불평(?)이셨다. 나도 우리 조카아이의 머리통을 쥐어박으며 '넌 맞아 싸다'라고 이야기해 주었다.

2.

1983년 영락교회 부목사 시절, 담임목사님께 구정 때 세배를 드렸다.

"목사님, 새해 복 많이 받으세요."

목사님도 "김 목사님도 새해 복 많이 받으세요"라고 덕담을 해 주셨다. 그 덕담을 듣는데 속에서 이런 생각이 들었다.

'받은 복도 많은데 무슨 복을 더 받을까?'

'하나님, 저 복 안 주셔도 되요. 저한테 신경 안 쓰셔도 되요.'

나는 내가 꽤 성숙한 믿음을 가진 것이라고 자부하였다. 그런데 우리 형님이 자기 딸 머리통을 쥐어박으며 하셨던 불평을 들으며 내가 하나님께 우리 조카딸과 비슷한 자녀라는 걸 알게 되었다. 하나님이 나의 머리통을 쥐어박으시면서 '하나님 노릇 할 재미 하나도 없다'라고 말씀하시는 것 같았다.

3.

하나님은 마태복음 7장 7절 이하에서 우리에게 '구하라, 찾으라, 두드리라'고 말씀하신다. 그러면 들어 주겠다고 말씀하신다. 한 마디로 말해서 우리에게 기도하라 하셨다. 기도는 하나님께 칭얼거림이다. 하나님께 조름이다. 기도는 하나님이 우리의 아버지이심을 인정하는, 그래서 하나님을 기분 좋게 해 드림이다.

4.

예수님도 우리에게 기도를 가르쳐 주셨다. 주기도다. 예수님은 주기도에서 아주 스펙트럼이 넓은 기도를 가르치신다. 하나님나라에서부터 일용할 양식까지를 말씀하신다. 나는 '나라가 임하시오며'라는 기도도 좋지만 '일용할 양식을 주시옵고'라는 기도도 좋다. 참 좋다. 예수님은 일용할 양식을 구함을 유치하고 수준 낮은 믿음이라 치부하지 않으신다. 하나님나라에서 일용할 양식까지 기도하라 하시는 예수님이 나는 좋다. 칭얼거릴 하나님이 계셔서 좋다. 맡겨 놓은 것 달라는 것처럼 당당하게 하나님께 조를 수 있어서 참 좋다.

5.
그런데 내가 좋아하는 기도가 하나 더 있다. 그것은 예수님을 위한 기도이다. 마태복음 26장 36절 이하에서 예수님은 제자들에게 당신을 위하여 기도해 달라고 부탁하셨다. 십자가를 앞두고 고민하며 하신 말씀이다. 예수님을 위한 기도.
하나님이신 예수님이 우리를 의지하려 하신다. 기도해 달라 부탁하신다. 일어나 함께 가자고 말씀하신다. 나는 그 말씀 속에서 예수님이, 하나님이 나를 의지하고 싶어 하신다는 느낌을 받는다. 늘 내가 하나님을 의지하는 것만 생각하며 살아왔는데, 하나님이 나를 의지하고 싶어 하신다는 생각은 잘 못했었는데.
소름이 끼친다. 내가 그런 존재인가? 내가 예수님에게 그런 존재인가? 예수님이 나를 의지하신단 말이지? 예수님이 나와 함께하고 싶으시단 말이지? 예수님이 나를 동역자로 생각하신다는 말이지?
세상에…!!!

6.

아이들이 어렸을 적엔 내가 아이들의 보호자였다. 이젠 아이들이 다 장성하여 어른이 되었다. 나는 늙은이가 되었고. 이젠 아이들이 내 보호자 노릇을 하려고 한다. 아직 그렇게까지 늙은 것도 아니고 아직 퇴직을 한 것도 아니니 경제적으로 힘이 없는 것도 아닌데 아이들이 나의 힘이 되어 주려고 하는 게 그렇게 감사하고 행복할 수 없다.

하나님이 늙으실 수는 없다. 하나님이 힘이 빠지실 수는 없다. 하나님에게 우리의 도움이 도움이 되실 리 만무하다. 그러나 그럼에도 불구하고 하나님은 우리에게 기도를 부탁하신다. 그리고 하나님나라의 사역과 전쟁을 함께하자고 부탁하신다.

피조물인 내가, 그것도 죄인 중의 죄인인 내가, 하나님과 함께 거대하고 위대한 하나님나라의 사역에서 동역한다는 게 난 꿈만 같다. 황홀하다. 난 내가 하나님나라의 군대가 되고 군사가 된다는 게 너무 좋다.

MAHANAIM

점프 연습   22

1.

힘들지만 다시 본론으로 들어가자. 온전한 십일조 훈련은 운동으로 치면 본격적인 운동을 위한 스트레칭이라고 할 수 있다. 그 스트레칭도 힘들어하는 사람이 많기는 하지만, 십일조는 레펠에서 점프 연습을 하는 것이지, 정말 비행기에서 낙하산을 타고 점프하는 것은 아니다.

이삭줍기로 한 달 수입의 하루 몫 떼기는 본격적인 근육 운동의 시작이라고 할 수 있다. 근력 운동의 시작이라고 할 수 있다.

페이스북을 하면서 이런저런 모금을 제법 많이 하였다. 그런데 모금을 하다 보면 내 관심은 액수보다 그 모금에 참여하는 친구의 퍼센티지다. 다시 말해서 내 글을 본 사람 중에 과연 몇 퍼센트 정도가 실제로 그 모금에 참여하는가 하는 것이다. 몇 퍼센트쯤 될 것 같은가?

몇 년 전 북한에 쌀을 사 보내는 캠페인을 한 적이 있었다. 그때가 최고였다. 대략 33퍼센트가 참가하였다. 그 다음으로 많았던 것이 내 환갑 기념으로 했던 모금이었는데 약 25퍼센트 정도가 참여하였다. 그 밖의 모금은 평균 5퍼센트 미만이 참여한다.

나는 모금 활동을 제법 잘 하는 사람 축에 속한다. 주로 페이스북을 통해서 한다. 내 페이스북의 팔로워는 10만 명 정도이며 거의 매일 올리는 내 글을 읽는 독자의 평균 숫자는 약 5만 명에서 6만 명 정도가 된다.

평균 6만 명 정도가 글을 읽으면 그중 평균 3,000명 정도가 반응한다. 물론 내 글을 읽고 헌금과 모금에 참여하지 않는 사람을 무조건 비판적으로 볼 수는 없다. 사람마다 생각이 다르고 관심사가 다를 수 있기 때문이다. 다시 말해서 내가 제시한 사업과 모금에는 참여하지 않지만 내가 알지 못하는 사업과 모금에 참여할 수 있다는 뜻이다. 그러니까 무조건 5퍼센트는 양이고 95퍼센트는 염소라는 식으로 몰아가면 안 된다. 5퍼센트는 선한 사마리아인이고 내 모금에 참여하지 않은 95퍼센트는 무조건 레위인과 제사장 같은 사람이라고 매도하면 안 된다.

그러나 그럼에도 불구하고 95퍼센트 중 많은 퍼센티지의 사람은 관심사가 달라서가 아니라 헌금이 부담스러워 마음으로 동의하면서도, 또 어느 정도는 낼 수 있으면서도 그냥 지나친 사람들이 들어 있다. 꽤 많이 있다고 나는 생각한다.

2.

다시 한 번 말씀드리지만 내 글을 통하여 마하나임의 군사가 되었다고 꼭 내가 제안하는 모금에만 참여해야 하는 것은 아니다. 여기서 훈련을 하여 교회를 더 잘 섬기고 하나님이 관심을 주시는 이런저런 선교나 구제에 참여하면 되는 것이다. 그런데 중요한 것은 누가 제안을 하든 그 제안에 대하여 하나님이 감동을 주시거든, 공감이 가거든, 그 감동과 공감을 소멸하지 말고 적은 액수라도 참여하는 훈련을 하는 것이 좋다. 중요한 것은 늘 상위 5퍼센트 안에 들도록 노력하자는 것이다.

3.

그리고 중요한 것이 하나 더 있다. 사실 운동은 모자라도 문제지만 지나쳐도 문제가 된다. 적절한 운동이 중요하다. 나는 헌금 훈련도 그렇다고 생각한다. 마하나임의 군사가 되겠다는 욕심이 너무 앞서서 힘에 지나치게 부치는 헌금을 무리하게 하면 계속적으로 지속하기가 어렵다.

내가 개인적으로 권하고 싶은 것은 온전한 십일조와 한 달의 하루 몫 떼기다. 그리고 후원모금에 대한 이야기를 들었을 때 적은 액수라도 참여하여 그냥 지나치지 않는 것이다. 그것은 아무리 가난해도 도전해 볼 만한, 도전해야 할 훈련이라고 나는 생각한다. 그러나 21.5퍼센트는 할 수 있으면 좋지만 너무 처음부터 무리하게 도전하는 것은 솔직히 권하고 싶지 않다.

온전한 십일조와 한 달의 하루 몫을 정직하게 그리고 무엇보다 꾸준히 하나님과 어려운 이웃을 사랑하는 마음으로 뗀다면 그것만으로 충분히 근사하고 훌륭한 마하나임의 군사가 될 수 있다고 나는 생각한다. 그리고 그것은 정말 밥을 굶는 한이 있어도 도전해 보라고 강권하고 싶다.

그러나 21.5퍼센트까지는 아니다. 그렇다고 포기하라는 말도 아니다. 포기하지 말고 끝까지 욕심을 내고 노력하고 훈련하여 실천할 수 있게 되기를 진심으로 기대한다. 그리고 그렇게 하면 생각보다 멀지 않은 장래에 그 목표에 도달할 수 있게 되리라 생각한다. 내 경험에 의하면 말이다.

온전한 십일조를 하고, 거기서 끝내지 않고 21.5퍼센트의 이삭줍기 몫 떼기까지 한다면 그는 정말 근사한 마하나임의 군사가 되리라 생각한다. 내가 이렇게 길게 이야기를 하는 것은 그것이 그만큼 힘들고 어려운 과제이기 때문이다.

4.

그런데 그럼에도 불구하고 21.5퍼센트 떼기도 최종 목표는 아니다. 그것보다 훨씬 높은 수준의 훈련을 제안할 것이다. 그리고 도전하라고 권할 것이다. 서두르지 말고, 너무 무리하지 않고 꾸준히 그리고 차분히 훈련을 계속하다 보면 자기도 모르는 사이에 그와 같은 훈련을 능히 소화해낼 수 있는 강한 하나님의 군사가 될 수 있을 것이다.

과연 얼마나 많은 친구들이 함께 끝까지 갈 수 있을까? 절대로 쉽지 않은 일인 것을 알기 때문에 크게 기대하지 않는다. 그래서 쉽게 실망하거나 절망하지도 않을 거다. 그러나 난 하나님이 정말 그루터기처럼 남겨 놓은 하나님의 사람들이 있을 것이라고 확신한다. 그리고 기대한다.

23 유산 포기

1.

헌금 훈련이 어느 정도 되어간다 싶으면 헌금의 액수를 조금씩 늘려 보는 훈련을 하는 것이 필요하다. 다시 말해 운동량을 조금씩 늘려 가야 한다는 말이다. 헬스장에서 근육 운동을 할 때 역기나 아령의 무게를 처음에는 가벼운 것으로 하다가 조금씩 늘려가는 것과 마찬가지 원리다. 너무 무리하면 안 되지만 너무 가벼워도 안 된다.

하나님과 이웃을 위한 몫 떼기 헌금을 아령과 바벨이라고 비유할 때 보통 몇 파운드짜리 바벨을 쓰는가? 최고 많이 들어 올린 바벨의 무게는 얼마인가? 어디까지 들어 봤는가?

2.

내 자신의 훈련과정을 예로 들어 이야기함을 이해해 주었으면 한다. 이론이 아닌 실제를 가지고 이야기하는 것이 더 효과적일 것이라 생각되어서 그런다.

주일헌금을 포함하여 감사헌금 그리고 절기헌금을 할 때 언제나

한 번 망설일 만큼의 부담을 가지고 헌금하려고 노력한다. 그래서 헌금을 드릴 때마다 하나님께 죄송하다. 그런데 나는 부담 없이 척 드린 헌금이 더 하나님께 죄송스럽다.

살림을 하면서 백만 원 단위의 물건은 좀처럼 쉽게 사게 되지 않는다. 소파, 식탁, 그 밖의 이런저런 전자제품이 그런 유에 속한다. 우리 집 소파와 식탁은 30년 정도 되었다. 그래도 아직 바꾸지 않고 그대로 쓴다. 몇 십만 원 정도로 살 수 있는 물건이 아니기 때문이다. 난 목사치고는 제법 부유한 편에 속하지만 백만 원 단위의 물건을 살 때는 조금 신중하다. 그래서 식탁과 소파 같은 게 30년을 넘긴 걸 거다.

헌금도 마찬가지다. 보통 사람이 백만 원 단위의 헌금을 한다는 건 어려운 일이다. 그래서 훈련이 필요하다. 백만 원 단위의 헌금 훈련 하지 않으면 평생 못 해보고 죽을 수도 있다. 당연히 나도 쉽지 않았지만 사랑하는 하나님께 소파 하나 사드리고 전자제품 하나 사드리는 마음으로 백만 원 단위의 헌금을 연습해 보았다.

어느 보일러 회사의 광고 카피가 생각난다.

"아버님 댁에 보일러 한 대 놔 드려야겠어요."

큰손녀 민희 돌잔치를 최일도 목사가 운영하는 다일공동체에서 하였다. 돌잔치 비용을 헌금하여 그 돈으로 노숙자 점심 대접을 한 것이다. 그때 150만 원의 식사비용이 들었던 것으로 기억된다.

모든 운동이 그렇듯이 처음엔 힘들어도 자꾸 하다 보면 쉬워진다.

백만 원 단위의 헌금은 이제 제법 쉬워졌다. 백만 원 단위의 물건을 사는 건 아직도 쉽지 않지만 백만 원 단위의 헌금을 하는 건 별로 어렵지 않다. 조심해야 하지만 스스로 대견스럽다. 감사하고.

3.
살다 보면 몇 천만 원 단위의 돈을 쓸 때가 있다. 내 경우엔 자동차를 살 때다. 세 번 정도 산 것 같다. 다른 것은 제법 절제하고 절약하는데 자동차는 그렇지 않다. 그것은 생명과 안전과 관계된 일이라 생각하기 때문에 차 사는 데는 내가 할 수 있는 범위 안에서 상위의 결정을 한다. 그냥 쉽게 말해 좋은 차 사고 탄다는 말이다.

차를 살 때마다 하나님께도 차 사드리고 싶었다. 아니, 하나님께 차 사드릴 수 있는 훈련을 하고 싶었다. 그래서 실제로 차 제법 여러 대 사드렸다. 다섯 번 정도 사드린 것 같다. 중형버스까지 사드려 봤다. 선교지에.

그 돈은 대개 큰아들과 막내아들 결혼식 비용 절약해서, 그리고 나와 아내의 환갑 생략해서 마련한 돈이었다. 보통 3만 불 정도씩 드렸던 것 같다. 좀 묵직했지만 드리고 나니 참 기쁘고 뿌듯했다. 그것도 몇 번 해 보니 조금씩 쉬워지기 시작했다.

4.
억 대의 돈을 쓸 때가 있다. 그건 보통 집을 살 때다. 감사하게도 하나님은 내게 내 집을 허락해 주셨다. 45평 아파트니 작지 않다. 하나님께도 집 한 채 사드리고 싶었다. 쉽게 말해 억 단위의 헌금을 해 보고 싶었다. 몇 번 정도 해 보았다. 그 헌금을 할 때는 한 3년 동안 초긴축 생활을 해야 했다. 신용카드 결제를 못 해본 적도 있고, 의료보험을 납부하지 못해 재촉도 받아 보았다.

그래도 그런 훈련을 하다 보니 근육이 생겨서 억 단위 헌금보다 더 큰 헌금까지 할 수 있게 되었다. 그것은 몇 번 말씀드렸다시피 아버지가 유산으로 물려주신 재산을 포기한 것이었다. 그건 나로서는 제법 컸다.

감사한 것은 우리 부부가 그런 훈련을 평생 하면서 살았더니 사랑하는 아들들이 특별히 말로 강조하며 가르치지 않았는데도 자연스럽게 훈련이 되었다는 것이다.

아버지 유산으로 재단을 세우기로 뜻을 정하고 아내와 세 아들들에게 의견을 물었다. 다 아무렇지도 않게 그리고 기쁨으로 동의해 주었다. 둘째는 만날 시간이 잘 나지 않아 메일로 뜻을 물었다. 둘째로부터 메일이 왔다. 단 세 줄이었다.

"좀 많다.
우리한테는.
그런데 아빠, 참 좋다."

5.

여행사 광고 카피 중에 "어디까지 가 봤니?"라는 말이 있다. 혹시 하나님이 우리에게 이렇게 묻지 않으실까?

"너, 하나님과 이웃을 위한 몫 떼기 어디까지 해 봤니?"

"어디까지 할 수 있니?"

"어디까지 해 보고 싶니?"

무시무시한 목표

MAHANAIM 24

1.

'하나님 몫 떼기'와 '이웃을 위한 몫 떼기'에 대한 이야기를 꽤 오랫동안 해 왔다. 나는 그런 이야기 길게 하면 친구 다 떨어질 줄 알았다. 다는 아니더라도 상당수가 떨어질 줄 알았다. 떨어지기는 좀 떨어졌다. 제법 좀 떨어졌다. 그래도 생각하고 걱정했던 것만큼은 아니어서 다행이라고 생각하고 있다. 힘든 이야기는 거반 끝났다. 앞으로 몫 떼기에 대한 부연 설명 몇 번 더 있을 것 같고, 몇 번에 걸쳐서 하나님과 이웃을 위하여 뗀 몫을 어떻게 잘 사용하고 활용할까에 대한 이야기를 좀 하려고 한다. 잘 떼는 것만큼 잘 쓰는 것도 중요하기 때문이다.

세상에는 선한 사마리아 사람 같은 사람들이 제법 많다. 그래서 꽤 적지 않은 많은 돈들이 모여진다. 그것을 교회와 NGO와 선교단체들이 잘 쓰고 있다. 내가 이야기하는 '잘 쓰고 있다'는 말은 정말로 잘 쓰고 있다는 뜻의 말이 아니다.

2.

개인적인 생각이지만 돈을 세상에서 가장 잘 쓰는 사람들은 비지니스 하는 사람들이다. 비지니스 하는 사람들은 돈을 살리는 재간을 가지고 있다. 물론 모두가 다 성공하는 것은 아니지만.

비지니스 하는 사람들은 100원으로 200원을 만들고, 200원으로 1,000원을 만들고, 1,000원을 잘 활용하고 굴려서 10,000원을 만드는 재간을 가지고 있다.

그런데 우리 목사와 선교사와 NGO들은 선한 목적을 위하여 돈(헌금)을 사용하기는 하지만, 돈에 생명을 불어넣는 일은 잘 하지 못해 돈을 잘 살리지 못한다. 대개 끊임없이 받아서 끊임없이 갖다 퍼주는 일만 한다.

귀하고 선한 일에 쓰는 것은 잘 하지만 그 돈을 잘 운영하고 효과적으로, 효율적으로 잘 활용하는 법은 잘 모른다. 나는 앞으로 그에 대한 것을 다루려고 한다.

떼는 것도 중요하지만, 그 귀한 돈을 잘 활용하여 두 달란트를 네 달란트로, 다섯 달란트를 열 달란트로 만들어 하나님과 하나님나라를 위하여 잘 쓸 줄 아는 것도 나는 중요하다고 생각한다.

3.

그에 앞서 나는 또 다른 몫 떼기에 대한 이야기를 하려고 한다. 첫 번째 몫 떼기는 하나님을 위한 몫 떼기였다. 온전한 십일조가 그것이다. 두 번째 몫 떼기는 한 달 수입의 하루 몫 떼기 이삭줍기와 21.5퍼센트 몫 떼기 이삭줍기였다. 그리고 21.5퍼센트를 넘어서 하나님과 이웃에게 가구와 전자제품 사드리기(백만 원 단위 헌금), 자동차 사드리기(천만 원 단위 헌금), 집 사드리기(억 단위 헌금)와 같은 어마어마한 목표를 제시하였다. 어마어마가 아니라 무시무시한 목표를 제시하였다. 그런데도 도망하지 않고 오히려 더 죽자고(?) 따라오는 친구들이 있어서 참 많이 감동하고 감사하였다.

4.
몫 떼기에는 하나님과 이웃만 있는 것이 아니다. 하나 더 있다. 그 하나도 둘 못지않게 중요하다. 그 못지않게 중요한 또 다른 몫 떼기는 '자기 자신을 위한 몫 떼기'다.
내가 어마어마하고 무시무시한 몫 떼기를 이야기했더니 어떤 페이스북 친구가 자기는 그런 생각을 하지 못하고 여름휴가 갈 생각만 하고 있어서 부끄러웠다는 댓글을 달았다. 내 그 댓글에 댓글을 달았다. 우리도 해마다 가족여행을 간다고 적었다.
나는 균형을 매우 중요하게 생각한다. 과유불급(過猶不及)이라는 말을 좋아한다. 나는 하나님께 기도할 때 '지나치지도 않게, 모자라지도 않게'라는 기도를 자주 한다. 대부분의 사람들은 자기 몫만 생각할 뿐 하나님의 몫과 이웃의 몫에 대해서는 전혀 생각하지 않고 살아간다.

그런데 소수의 사람이기는 하지만, 그래도 제법 많은 사람들이 하나님의 몫과 이웃의 몫만 생각하고 정작 자기 자신을 위한 몫 떼기는 죄스럽게 생각한다. 나는 그것도 옳지 않다고 생각한다.

5.
동안교회 목회 시절 주일 강단 꽃꽂이를 하지 않았다. 임직식과 같은 교회 행사 때도 꽃을 달지 못하게 하였다. 가난하여 밥 굶는 사람들이 눈에 밟혀서였다.
장로님 중에 참 기도를 많이 하시는 장로님 한 분이 계셨다. 그 장로님이 나에게 아주 조용히 그리고 조심스럽게 말씀을 해 주셨다. 한 마디로 내가 지나치다는 것이었다. 가난한 사람 구제도 하고 선교하는 것도 중요하지만, 그러나 그 때문에 좋은 날에 꽃 한 송이 다는 것까지 심하게는 죄악시하는 것은 지나치다는 것이다.
나는 장로님 말씀이 옳다고 생각했다. 그 이후로 꽃 장식을 해금(?)했다. 그 이후로도 가능하면 소비를 조심하려고 했지만 그렇게 지나치리만큼, 금욕주의자처럼 소비를 죄악시하는 것에서는 좀 많이 물러났다. 나를 위한 소비에 대해서도 제법 많이 너그러워졌다. 다시 말해 균형을 잡으려고 노력하게 되었다.
나는 우리 마하나임 친구들이 하나님과 이웃을 위한 몫 떼기를 너무 지나치게 하다가 자기를 위해서는 여행 한 번 못가고, 식구들과 좋은 데서 밥도 한 번 못 먹고, 옷도 싸구려만 골라 입고 다니지 않았으면 좋겠다.

나는 자신을 위한 몫 떼기도 중요하다고 생각한다. 감사함으로 지나치지 않게 누리는 것도 중요하고 건강한 것이라고 생각한다. 나는 '나눔'도 중요한 가치이지만 '건강하고 지나치지 않는 누림'도 중요한 가치라고 생각한다.

6.

자신을 위한 몫 떼기에도 두 종류의 몫 떼기가 있다. 하나는 현재를 위한 몫 떼기고, 또 다른 하나는 미래를 위한 몫 떼기다. 현재를 위한 몫 떼기는 좋은 날 꽃 달기, 휴가 가기, 소파 사기, 아주 가끔씩 식구들과 근사한 데서 밥 먹기 같은 것들이다. 미래를 위한 몫 떼기는 '저축'이다.

하나님을 위하여 온전한 십일조 몫 떼기도 중요하고, 이웃을 위하여 이삭줍기 몫 떼기도 중요하다. 그에 못지않게 자신을 위한 현재 몫 떼기와 미래 몫 떼기도 중요하다.

어떻게 그게 가능하냐고 생각하시는 분들이 많이 있겠지만 정신을 바짝 차리고 노력하면 가능하다. 우리의 삶 속에 불필요한 지출과 낭비들이 얼마나 많은지 모른다. 그런 것들을 잘 정리하고 현명한 소비와 지출을 하려고 애쓰고 노력하면 그 엄청난 지출을 균형까지 맞춰서 할 수 있다.

25 미래를 위한 몫

MAHANAIM

1.

꽤 큰 교회를 담임하시다가 은퇴하신 목사님 한 분이 계신다. 돈에 대한 욕심이 거짓말처럼 없는 분이시다. 목사님은 교회에서 주는 사례나 강사비 또는 인세가 얼마든지 간에 한 달에 쓰고 남은 돈은 무조건 다 교회에 헌금하곤 하셨다.

물론 교회 장로님들과 교인들도 다 자기 교회 담임목사님이 그렇게 돈에 대하여 청렴하신 것을 자랑스럽게 생각하였다. 당연히 훌륭하신 것이다. 그렇게 살기 정말 쉽지 않다. 그러나 그럼에도 불구하고 나는 그 목사님의 삶에 동의하지 않는다. 그 이유는 내가 볼 때 지나치셨기 때문이다.

2.

목사님에게 저축에 대한 말씀을 드린 적이 있었다. 그냥 웃기만 하셨다. 내 이야기를 함께 듣던 그 교회 장로님이 내 의견에 전적으로 동의하시며 거들었지만 목사님은 동의하지 않으셨다. 그 집 큰아들과 우리 집 큰아들이 거의 같은 시기에 결혼을 하였다. 그 교회는 담임목사의 혼사에 1억 원을 부조하였다. 그럴 수밖에 없었다. 그리고 따지고 보면 목사님이 그동안 교회에 헌금한 돈이 그보다 더 많았다. 우리 교회는 우리 큰아들 결혼식 때 25만 원을 부조하였다. 우리 교회는 등록교인 가정이 결혼을 할 때 25만 원을 부조하기 때문이다. 결혼식 부조하는데 교인과 담임목사의 차이는 인정되지 않는다. 당연히. 그래도 문제없었다. 나는 아이들 결혼을 위하여 미리미리 저축을 해두었기 때문이다.

3.
우리 교회 정관에는 원로목사법이 없다. 은퇴하면 끝이다. 알고 있었다. 그래서 미리 연금 들고 퇴직을 준비하였다. 처음 예상했던 것보다 연금이 좀 줄어들기는 했지만 사는데 큰 불편 없을 것 같다.
우리 집은 저축을 참 열심히 잘 하는 집 중 하나다. 저축의 목적은 축재(蓄財)가 아니다. 우리 집 저축의 목적은 남에게 폐 끼치지 않기 위함이다. 그 남 중에는 교회도 들어 있다. 은퇴 후 시무했던 교회와 교인들에게 폐 끼치지 않고 살 수 있기를 소망하며 살았다. 그래서 저축했다. 감사하게도 하나님께서 그렇게 살 수 있도록 해 주셨다. 하나님을 위한 몫 떼기와 이웃을 위한 몫 떼기로 평균 50퍼센트 가까이를 떼며 살았다. 그러면서도 저축을 할 수 있었던 것은 당연히 목사로서의 내 수입이 많았기 때문이다. 그러나 더 중요한 이유는 아내의 근검절약 때문이다. 만일 아내가 그렇게 살지 않았다면 아무리 내가 큰 교회 목사로서 수입이 많았다고 하여도 50퍼센트 헌금하고도 저축까지 하고 그래서 은퇴 후 교회와 교인들에게 폐 안 끼치고 경제적으로 독립할 수 없었을 것이다.

아내의 지갑에는 현금으로 5만 원 이상이 들어 있는 적이 거의 없었다. 그만한 돈이 없어서가 아니라 그만한 돈이 생기면 (내가 가져다 주면) 아내는 한 번도 귀찮아 하지 않고 은행으로 가서 늘 저금을 하곤 하였다.

우리 집은 무이자할부 상품도 할부로 사지 않는다. 할부로 물건 사는 것이 습관이 되다 보면 저축을 할 수 없기 때문이다. 그래서 카드도 신용카드를 쓰지 않고 통장 잔액이 있어야만 지불이 되는 현금카드를 주로 쓴다. 아내는 나중에 연말정산할 때 보상이 더 큰 카드가 나오면 그때마다 귀찮아도 카드를 늘 바꾸곤 하였다. 다른 집들도 보통 다 하는 일이기는 하지만 말이다.

아내는 큰돈을 쓰는 일에는 전혀 인색하지 않았다. 나보다 더 통이 컸다. 그러나 작은 돈은 늘 아끼려고 하였다. 나를 위하여 쓰는 돈에도 꼭 필요한 일이라 생각하면 아끼지 않았다. 그러나 남에게 과시하거나 자랑하기 위하여 하는 소비는 거의 하지 않았다. 사실 그것만 조심하고 아껴도 제법 큰 몫을 헌금하고도 저축할 수 있었다. 내 경우는.

4.

개척교회 목사님 부부와 이야기를 하다가 저축을 권면하였다. 그러자 사모님이 "목사님은 큰 교회 목사님이시니까 저축을 하실 수 있지만 저희는 개척교회라서 하기 어려워요"라고 대답하였다.

조금 당황스러웠지만 나도 지지 않고 대답을 하였다. 우리 어머니는 우리 아버지 월급이 쌀 한 가마 반이었을 때(지금 화폐가치로 환산해 보니 약 30만 원)에도 저축을 하셨고, 그래서 결국 집을 샀다는 이야기를 해 주었다. 그리고 저축은 부자니까 하는 게 아니라 가난하니까 해야 하는 것이라고 설명해 주었다. 하루 세 끼 먹을 것이 있으면 두 끼만 먹고 한 끼를 저축해야 한다고, 그래야만 삶이 조금씩 나아진다고, 그래야만 남에게 폐 안 끼치는 삶을 살 수 있다고 이야기해 주었다.

5.

저축을 전혀 하지 못하고 온전한 십일조와 21.5퍼센트 이삭줍기와 큰 몫의 헌금을 하는 것을 권하고 싶지 않다. 그건 지나친 것이다. 그건 과유불급에 해당된다. 이웃을 위한 몫 떼기도 남에게 과시하기 위하여 무리하게 해서는 안 된다.

큰 부자가 아니어도 알뜰하게 소비생활을 실천하여 하나님의 몫도 떼고, 이웃의 몫도 떼고, 자신과 자신의 미래를 위해서도 꾸준히 몫을 뗄 줄 아는 일에 도전해 보기를 권하고 싶다.

아내와 나는 은퇴 후에는 저축을 하지 않기로 합의했다. 이제는 저축의 필요성을 느끼지 않기 때문이다. 저축의 목표를 달성했기 때문이다. 더 많은 돈을 모으기 위하여 하는 저축에는 처음부터 욕심 없었기 때문이다.

내가 이렇게 이야기하면 "너는 큰 교회 목사니까"라고 이야기하실 분이 계실는지 모른다. 그러나 그렇지 않다. 나는 처음부터 큰 교회 목사 아니었다. 그리고 오늘날 나의 생활습관은 큰 교회 목사가 되어 모든 것이 남아돌 때부터 시작된 것이 아니라 쌀 한 가마 반이 수입의 전부였던 내 가난했던 어린 시절부터 몸과 삶 속에 배어져 왔던 것이다. 나는 금수저 물고 태어난 사람이 아니다.

그러니 쉽게 핑계하지 말고 한 번 도전할 수 있기를 바란다.

MAHANAIM

미자립은 없다   26

1.

외국의 어느 초등학교에서 '가난'이라는 제목으로 글짓기를 하게 하였더니 어떤 부잣집 아이가 이렇게 썼단다. "우리 집은 참 가난해요. 정원사도 가난하고, 운전기사도 가난하고, 가정부도 가난해요." 오늘 내 글이 어쩌면 그런 철없는 글이 될지도 모른다. 옛날엔 가난했지만 인생의 중반기(?)를 넘어서면서부터 가난을 모르고 살았기 때문에 내가 가난에 대한 뼈저린 현실에 둔감해졌을지도 모르기 때문이다.

2.

막내가 신학교를 졸업하는 해에 나는 꽤 열심히 '세습 반대 운동'을 벌이고 있었다. 나는 막내에게 내가 섬기고 있는 교회에 자리를 만들어 주지 않는 것을 물론이고 다른 교회에 소개도 해주지 않겠다고 선언(?)했다. 우리 막내처럼 제법 힘 있는 아버지를 두지 못한 신학생들은 어떻게 교회에 임지를 얻을 수 있을까 생각해서였다.

막내는 그해 마지막 주일까지 교회 임지를 얻지 못했다. 어느 날은 나에게 "아버지 때문에 더 갈 데가 없어"라고 해서 웃었다. 끝내 교회 임지를 얻지 못한다면 나는 막내에게 우유배달이든, 신문배달이든, 대리기사든 하라고 할 작정이었다. 미자립 교회는 없다. 미자립 목사가 있을 뿐이다. "너만 자립하면(경제적으로) 다 자립교회다"라고 할 작정이었다. 그리고 몇 명이 모이든 그 교인들과 함께 열심히 그리고 행복하게 교회를 개척하라 말하려 했다. 아마 우리 막내는 그렇게 했을 것이다.

다행히 그해 마지막 날에 한 번 떨어진 교회에서 전임교역자가 아닌 하프타임 교역자로 청빙을 받아 우유배달 면했다.

3.

가끔 이야기한 적이 있는데, 우리 아버지는 영화 〈장군의 아들〉 주인공과 라이프 스토리가 거의 비슷하다. 16세 때 아버지 고향의 일본 깡패 오야봉을 꺾었고, 일본 경찰 서장을 패준 후 만주로 도망해서도 그곳 일본 깡패 오야봉을 꺾었고, 그 뒤를 봐주던 일본군 대위까지 때려주어 하마터면 돌아가실 뻔도 하셨던 풍운아셨다. 도무지 겁이 없으시고, 남에게 굽힐 줄 모르는 어른이셨다.

그러던 우리 아버지가 47세에 나를 낳으셨다. 아버지 말씀에 의하면 정신이 번쩍 들었다 하셨다. 그때부터 우리 아버지는 가리는 일이 없어지셨다. 부두의 하역 노동자, 미군부대 목수, 연탄공장 노동자, 그리고 학교 수위.

우리 아버지는 참 생활력이 강한 분이셨다. 아버지는 날 위해 똥 구루마도 끌 수 있다고 말씀하셨다. 내가 초등학교 때. 난 우리 아버지의 그 이야기를 아마 평생 잊을 수 없을 것이다. 아버지가 65세 정년퇴직하신 후 내가 월급을 받아 올 때까지 우리 어머니는 하숙을 하셨다.

우리는 가난했지만 한 번도 미자립이었던 때가 없었다. 우리는 언제나 자립이었다. 쌀 한 가마 반 수입이었을 때도 자립이었다. 자립이었을 뿐 아니라 늘 저축했다. 정말 쥐꼬리만큼이라도 늘 저축을 했다. 그리고 헌금도 열심히 했다.

나는 어려서 종이돈으로 용돈을 받아 본 적이 거의 없었다. 불가능한 일이었다. 그러나 나는 어려서 한 번도 동전을 들고 교회를 가 본 적이 없었다. 우리 어머니가 그렇게 하셨다. 그래서 나는 작은 돈은 나를 위하여 쓰는 것이고 큰돈은 하나님을 위하여 쓰는 것이라는 훈련을 무의식적으로 받으며 자랐다.

4.

나는 신명기 15장 6절의 말씀을 좋아한다.
"네가 여러 나라에 꾸어 줄지라도 너는 꾸지 아니하겠고"
우리는 어려서부터 두부 한 모도 외상으로 사지 않았다.
나는 시편 128편의 말씀을 좋아한다.

"여호와를 경외하며 그의 길을 걷는 자마다 복이 있도다 네가 네 손이 수고한 대로 먹을 것이라 네가 복되고 형통하리로다"(시 128:1,2).

나는 여호와를 경외하며 그의 길을 걸으면 하나님께서 손이 수고한 대로 먹게 해 주신다는 말씀을 믿는다. 그리고 꾸어 줄지라도 꾸지 않게 하시겠다는 말씀을 믿는다. 그 말씀을 믿고 무슨 수고라도 할 결심이다.

5.

마하나임의 군사가 되려거든 우선 미자립과 싸워야 한다. 세상 핑계 대지 말고, 사회적 구조 핑계 대지 말고, 하나님이 손이 수고한 대로 먹게 해 주실 것이라는 말씀을 믿고, 체면 생각하지 말고 열심히 일하라. 그리고 절약하여 저축하라. 그리고 한 푼이라도 남을 도우라. 그리고 헌금도 하라.

아무리 이야기해도 자신은 가난해서 저축할 수 없고, 남을 도울 수 없고, 헌금할 수 없다고 하는 사람들이 있다. 나의 이야기를 팔자 좋은 사람의 세상 물정 모르는 넋두리 정도로 치부하는 사람들도 있다. 아무리 이야기해도 있다.

6.

곧 은퇴다. 우리 교회는 원로목사 제도가 없다. 그러니 은퇴하면 교회에서 월급 주지 않는다. 은퇴하면 연금을 받으니 걱정할 것 없다. 그러나 만에 하나 연금이 사고가 나서 연금을 받을 수 없게 된다면, 전에도 이야기한 적이 있는데 지하철 택배하러 나갈 거다. 자식들이 만류할는지 몰라도 나는 건강이 허락하는 한 어떤 이유로도 미자립의 삶을 살지는 않을 것이다. 그리고 쥐꼬리만큼이라도 남을 도우며 살겠다. 당연히 십일조도 하고. 나는 그게 마하나임 군사의 삶이라고 생각한다.

마하나임에게 미자립은 없다. 없어야 한다. 마하나임에게 미자립은 없다는 건 하나님의 약속이다(시 128편).

27 허세와 전쟁 선포하기

1.

하나님과 이웃을 위한 몫 떼기의 기준 제시가 솔직히 어마무시(?)하다. 그러면서 저축까지 하라니, 과연 그게 가능할까 의문을 제기하는 친구들도 있는 것 같아 보인다. 내가 봐도 그렇다. 도무지 계산이 잘 안 된다. 그와 같은 기준을 통과하려면 최소한 억대 연봉 정도는 되어야 하지 않을까?

대부분 그렇게 생각하는 것 같다. 그러나 사실은 그렇지 않다. 억대 연봉이 아니라 몇 십 억대 연봉자들도 그렇게 살기 힘들다. 대부분의 부자들이 그렇게 살지 못하고 있는 게 사실이고 그 증거이다. 수입보다 욕심이 더 많으면 아무리 많은 수입이 있어도 남을 위하여 떼고 남길 몫은 없게 마련이기 때문이다.

2.

건강한 몫 떼기는 돈이 많아야 할 수 있는 게 아니다. 돈이 아무리 많아도 그렇게 살기 힘들다. 건강하고 아름답고 훌륭한 몫 떼기는 절제의 은사를 받아야만 할 수 있다. 성령의 9가지 열매 중에 '절제'가 있다. 성령의 9가지 열매가 다 아름답고 근사하다. 정말 탐나고 욕심나는 열매들이 아닐 수 없다. 열심히 예수를 믿고 정말 물과 성령으로 거듭나 그 모든 열매가 내 삶에서 열렸으면 좋겠다.

절제의 은사도 생각하면 생각할수록 욕심나는 은사다. '절제'란 극단적인 금욕주의와는 다르다. 사도 바울은 빌립보서 4장 12절에서 자신은 '비천에 처할 줄도 알고 풍부에 처할 줄도 안다'라고 고백한다. 나는 이것이 바로 절제의 은사를 받은 사람의 철학이고 삶의 자세라고 생각한다.

나눔에 치우쳐 누림을 죄악시하거나, 누림에 치우쳐 나눔을 실천하지 못하는 것은 둘 다 건강하지 못하다. 사실 후자도 문제이지만 전자도 그에 못지않게 문제다. 건강하지 못하다.

건강하고 균형 잡힌 소비생활을 할 줄 알아야 한다. 다만 불필요하고 허세적인 소비는 절제할 줄 알아야 한다. 그것을 위해서 절제의 은사가 필요하다. 다이어트를 무시하고 폭식을 하여 거대비만증에 걸린 사람들이 있다. 반대로 지나친 다이어트에 중독되어 거식증에 걸린 사람들도 뜻밖에 많이 있다. 균형 잡힌 식단과 충분한 식사. 그러나 폭식과 과식을 삼가고 더 먹고 싶을 때 숟가락 놓기. 그리고 귀찮지만 꾸준한 운동.

돈도 마찬가지다. 돈 씀씀이도 마찬가지다. 말은 쉽지만 그것을 실천하며 살기란 말처럼 쉽지 않다.

3.

우리를 영적 비만아가 되게 하는 욕심을 조절하기 위하여 늘 조심하고 경계하여야 할 것이 하나 있다. 나는 그것을 '허세'라고 생각한다. '허세' 때문에 불필요한 지출이 많아지게 되고, 그런 불필요한 지출이 많아지기 때문에 저축도 할 수 없게 되고, 하나님과 이웃을 위한 몫 떼기도 할 수 없게 되는 것이다.

'허세'는 세상의 보편적인 문화가 되어 버렸다. 그래서 자기도 모르는 사이에 '허세'에 속게 되고, 그 때문에 과다한 지출이 발행하여 건강하고도 균형 잡힌 생활에 금이 가게 되는 것이다. '허세'가 보편적인 문화가 된 세상에서 '허세'를 버린다는 것은 정말 대단한 용기가 필요한 것이다.

막내 결혼식을 높은뜻정의교회가 예배처소로 사용하고 있는 정의여고 강당에서 하였다. 하객들이 한 1,000명은 올 것이라 예상되었다. 식사대접을 위하여 이동 뷔페를 알아보니 인당 25,000원을 요구하였다.

하객들에게는 죄송한 일이었지만 일인당 25,000원의 식사비 지출이 좀 과하다 싶었다. 그만한 돈이 없어서는 아니었다. 인색해서도 아니었다. 그냥 다만 지나치다고 생각되었기 때문이었다. 아내가 학교 영양사에게 갈비탕을 끓여줄 수 있는가 물었다. 가능하다는 답변을 들었다. 얼마면 되겠느냐 물으니 7,500원이면 된다 하였다. 아내와 나는 그게 적당하다고 생각했다. 그래서 부탁을 드렸다.

학교 영양사가 갈비탕을 잘 끓일 수 있는데 문제는 학교 식당이기 때문에 변변한 식기가 없다는 것이었다. 아이들 밥 먹는 식판에 끓여내도 되겠냐고 물었다. 우리는 상관없다고 생각했다. '밥을 먹지 식판을 먹나?' 생각했다. 갈비탕 7,500원에 떡과 과일을 조금씩 보태 10,000원 밥상으로 결혼식 하객 점심 식사를 대접하였다. 그것도 스테인레스 식판에. 그러나 덕분에 1,500만 원을 절약할 수 있었다.

막내가 결혼식에 돈을 많이 쓰지 않으면 좋겠다고 이야기하였다. 예물, 예단 거의 생략하였다. 신혼집도 10평짜리 다세대 주택을 5천만 원에 전세 내어 시작하였다. 그보다는 좀 크고 좋은 집을 전세 얻어 주고 싶었다. 그리고 그럴 여유도 있었다. 그러나 막내와 며느리는 10평짜리 다세대 주택을 선택하고 그것도 충분하다 하였다. 결혼식을 정말 검소하게 치렀다. 적지 않은 돈을 절약할 수 있었다. 그 돈으로 선교지에 자동차 두 대 사 보냈다. 막내 결혼 기념으로. 사실 큰아들 결혼식 때도 거의 비슷했다. 큰아들의 신혼집은 3,000만 원 전세였다. 그것도 아마 열 몇 평이었을 거다. 다만 지방이어서 막내 전세보다 좀 더 쌌다. 그때도 결혼식을 청량리중앙교회에서 검소하게 치르고 몇 천만 원 정도 어디에 헌금했다. 그런데 어디에 헌금했는지는 가물가물하다.

4.

탈북자들을 위해서 박스 공장을 세웠을 때 탈북 직원 중 한 명이 자가용을 샀다. 얼마나 그래보고 싶었을까 생각하며 이해하려고 노력하였다. 그리고 박스 공장의 탈북 노동자들도 자가용 탈 수 있을 만큼의 임금을 줄 수 있으면 좋겠다는 생각을 하였다. 그러나 그럼에도 불구하고 그건 좀 지나친 것이었다.

버스 타고 다녀야 할 사람이 자가용을 타고 다니게 되면 그는 저축도 할 수 없고, 헌금도 할 수 없고, 이웃을 위하여 몫을 뗄 수도 없다. 그러나 자가용을 탈 수 있는 사람이 절제하여 버스를 탄다면 그리 큰 부자가 아니더라도 저축도 할 수 있고, 헌금도 할 수 있고, 이웃을 위한 몫 떼기도 실천할 수 있다.

3,000만 원짜리 자가용을 살 수 있는 능력이 있는 사람이 절제의 은사를 발휘하여 2,000만 원짜리 차를 산다면 몫 떼기를 할 수 있다. 그러나 3,000만 원짜리 차를 살 수 있는 사람이 조금 더 욕심을 부려 5,000만 원짜리 차를 산다면 쪼들리기 시작하여 헌금과 구제는 물론이고 자신을 위한 저축도 할 수 없다.

그런데 대부분은 욕심 때문에, 허영 때문에 불필요하고도 지나친 소비생활을 하고 있다. 남에게 과시하기 위하여 말이다.

5.

물론 살다 보면 절제와 허세를 부리고 싶어도 부릴 수 없는 상황에 처할 때가 있다. 그러나 그때도 절제와 허세 부리지 않음을 훈련할 수 있는 좋은 기회가 될 수 있다. 허세 부리지 못하고 살 수 밖에 없을 때 허세 부리지 않고 사는 법을 훈련하고 연습하는 것이다.

내 인생의 절반은 허세를 부리고 싶어도 부릴 수 있는 여유가 전혀 없는 삶이었다. 생존에 꼭 필요한 일이 아니면 보통 사람들이 일상적으로 하는 일도 대부분 하지 못하며 살았다. 나는 고등학교 졸업 때까지 수학여행을 한 번도 가지 못했다. 수학여행은 생존에 필요한 필수사항이 아니었기 때문이다. 남들 다가는 수학여행을 못 간다는 건 아이로서 참 견디기 힘든 일이었다.

그러나 다행히도 삐뚤어지지 않고 잘 넘길 수 있었다. 잘 견디다 보니 그것이 훈련이 되었다. 그것이 허세를 충분히 부리고 살 수 있던 내 인생의 후반부에 허세를 절제하며 살 수 있는 힘이 되었.

절제의 은사를 사모하자. 그리고 허세와의 전쟁을 선포하자.

28 존재의 배부름

1.

'허세'

허세의 원인은 무엇일까? 허세의 원인은 '존재의 가벼움'이다. '존재의 배고픔'이다.

2.

1992년, 큰아이가 열다섯 살, 둘째 아이가 열세 살, 막내 아이가 열한 살이었을 때, 한국의 아이들은 고가(高價)의 운동화를 신고 다니는 것이 유행이었다. 10만 원이 넘는 고가의 운동화를 너도 나도 신고 다녔다. 지금도 10만 원짜리 운동화는 만만치 않은데 당시 10만 원 운동화는 보통 만만치 않은 게 아니었다.

아이들에게 편지를 썼다. 10만 원짜리 운동화를 신고 다니는 것에 대한 이야기를 썼다.

"10만 원짜리 운동화를 신는 까닭은 자랑하기 위함이다.

'내 운동화 10만 원짜리야.'

'난 10만 원짜리 운동화를 신고 다니는 사람이야.'

그러나 그건 자랑스러운 일이 아니라 부끄러운 일이란다. 그건 내가 10만 원짜리가 안 되기 때문이야. 내가 10만 원짜리가 안 되니까 10만 원짜리 운동화를 자랑하게 되는 거야. 너희들은 신발 자랑하며 사는 사람이 되지 말고 너희의 사람됨을 자랑하며 사는 사람이 되거라."

감사하게도 아이들은 아비의 말귀를 알아들어 주었다.

감사하게도.

3.

에리히 프롬이라는 사람이 《소유냐 삶이냐》라는 책을 썼다. 내가 청년 때 읽고 평생 나의 삶에 치명적인 영향을 끼친 책이다. 에리히 프롬은 자신의 책에서 인간을 소유형의 인간(having)과 존재형의 인간(being mode)으로 구분하였다. 소유형의 인간이란 삶의 의미와 목적을 소유(to have)하는데 두고 사는 사람이고, 존재형의 인간이란 삶의 의미와 목적을 인간답게 존재(to be)하는데 두고 사는 사람을 말한다.

예수님은 누가복음 12장 15절에서 "사람의 생명이 그 소유의 넉넉한 데 있지 아니하니라"라고 말씀하셨다. 그러므로 "삼가 모든 탐심을 물리치라" 하셨다. 소유의 넉넉함이 존재함의 넉넉함이 되는 것이 아니다. 존재의 배부름을 가져다주는 것이 아니다. 소유의 넉넉함이 존재의 배부름을 가져다주지 못하는 까닭은 우리 존재가 천하보다 크고 귀하기 때문이다. 우리의 존재가 천하보다 크고 귀한 까닭은 하나님이 우리를 사랑하시기 때문이다. 사랑하면 사랑하는 대상이 천하보다 크고 귀하게 되는 법이다. 하나님이 우리를 사랑하시기 때문에 하나님은 우리를 천하보다 크고 귀하게 만드셨다. 우리 인간이 천하보다 크고 귀하기 때문에 천하를 다 소유한다고 하여도 자신의 존재를 채울 수 없는 것이다. 우리의 존재는 하나님의 나라와 의로만 채워질 수 있다.

예수님은 산상보훈에서 의에 주리고 목마른 자는 배부를 것이라고 말씀하셨다. 의(義)가 우리의 존재를 배부르게 한다. 사람들은 이(利)가 우리를 배부르게 하는 줄 알지만 이(利)는 우리를 배부르게 하지 못한다. 그러므로 이(利)를 추구하면 추구할수록 우리의 존재는 점점 더 가벼워지고 존재가 점점 가벼워지면 질수록 더 허세를 부리게 된다. 존재가 가벼워지니 10만 원짜리 운동화라도 자랑해야만 하게 되는 것이다. 그러면 허세의 악순환이 시작된다. 그리고 반복된다.

4.

예수님은 우리에게 "무엇을 먹을까 무엇을 마실까 무엇을 입을까 하지 말라"(마 6:31)라고 말씀하셨다. 그리고 "먼저 그의 나라와 그의 의를 구하라"(마 6:33)라고 말씀하셨다. 의에 주리고 목마른 삶을 살면 배부를 것이라 말씀하셨다(마 5:6 참조).

배부른 사람은 허세를 부리지 않는다. 허세를 부리지 않으면 절제할 수 있게 되고, 절제할 수 있게 되면 적은 소득으로도 부요할 수 있고, 적은 소득도 규모 있게 소비함으로 자기보다 가난하고 어려운 이웃과 자신의 몫을 뗄 수 있게 되는 것이다.

그러므로, 하나님의 나라와 의를 구하며 살자. 의에 주리고 목마른 삶을 살자. 그러면 늘 배부른 삶을 살 수 있게 될 것이다. 다윗처럼 "내 잔이 넘치나이다"라고 고백하며 살 수 있게 될 것이다. 잔이 넘치게 되면 부족함이 없게 되고, 부족함이 없게 되면 욕심과 허세를 부리지 않게 되고, 욕심과 허세를 부리지 않게 되면 자신의 소유와 소득을 이웃과 함께 나누며 살 수 있게 될 것이다. 그러면 우리는 드디어, 마침내 마하나임의 군사가 될 것이다. 이 땅에 하나님의 나라를 오게 하는 하나님나라의 군사가 될 것이다.

29 의심하지 말라

1.

동안교회 시절 집사님 한 분이 위암에 걸리셨다. 위 전체를 절제하는 수술을 받으셨다. 처음에는 물 세 숟가락도 넘기질 못하셨다.

2.

수술하시기 전에 집으로 심방을 갔다. 그때 하나님이 보통 환자심방을 할 때 읽지 않았던 말씀을 주셨다. 예수님이 예루살렘 입성하실 때 나귀를 타고 입성하셨다. 나귀를 타고 입성하시기 위하여 어디에 묶여 있는 나귀를 풀어 오라 말씀하셨다. 주인이 있는 나귀를 어떻게 풀어 오느냐 묻는 제자에게 예수님은 "주가 쓰시겠다 하라. 그리하면 풀어 줄 것이다"라고 말씀하셨다. 그리고 정말 그렇게 되었다.

'주를 위하여 쓰면 풀린다'는 말씀이 마음에 와 닿았다.
예수님께 기도하였다.
"주를 위하여 쓸 테니까 풀어 주세요."

3.

심방을 가서 그 말씀을 전했다. 집사님에게 하나님께 그렇게 기도하며 떼쓰라고 설교하였다. 그렇게 기도하였고, 그 기도대로 되었다. 집사님은 위암 수술 후 지금까지 20년 넘게 건강하게 생존하여 계신다. 그 이후로 나는 '주를 위하여 쓰면 풀린다'는 확신을 갖게 되었고, 실제로 여러 간증을 갖게 되었다.

4.

온전한 십일조를 떼고, 한 달의 하루 몫 가난한 이웃을 위하여 이삭줍기로 떼고, 더 잘 훈련하여 21.5퍼센트의 이삭줍기도 할 수 있게 되고, 백만 단위, 천만 단위, 억만 단위의 헌금도 해 보고, 거기다가 남에게 폐 끼치지 않고 저축까지 한다는 건 정말 쉽지 않은 일이다. 그러나 하나님이 그렇게 할 수 있게 우리의 살림을 풀어 주시고 형통하게 하신다면 불가능할 게 무엇이며, 어려울 게 무엇이겠는가?

5.

전도서 11장 1절에 보면 "너는 네 떡을 물 위에 던져라 여러 날 후에 도로 찾으리라"는 말씀이 있다. 또 마태복음 10장 42절에 보면 "이 작은 자 중 하나에게 냉수 한 그릇이라도 주는 자는 내가 진실로 너희에게 이르노니 그 사람이 결단코 상을 잃지 아니하리라"라는 말씀도 있다. 가난한 이웃에게 냉수 한 그릇을 나누어도 하나님이 상을 절대로 잊지 아니하시라 하셨는데, 허세 부리지 아니하고 자신의 것을 절제하며 자신의 몫을 가난한 이웃을 위하여 떼고 베푸는 삶을 사는 사람에게 그 모든 몫을 떼고도 자신의 앞날을 위하여 저축까지 할 수 있는 복을 왜 주지 않으시겠는가?
마태복음 24장 45절 이하에는 이런 말씀도 있다.
"충성되고 지혜 있는 종이 되어 주인에게 그 집 사람들을 맡아 때를 따라 양식을 나눠 줄 자가 누구냐 주인이 올 때에 그 종이 이렇게 하는 것을 보면 그 종이 복이 있으리로다 내가 진실로 너희에게 이르노니 주인이 그의 모든 소유를 그에게 맡기리라." 아멘.

6.

세계 최강군은 어느 나라일까? 아마 미국이 아닐까? 미국이 세계 최강군인 까닭이 무엇일까? 그것은 미국이 막강한 경제력을 갖고 있기 때문이 아닐까? 그 막강한 경제력을 바탕으로 막강한 무기와 물자를 보급하기 때문이 아닐까? 전쟁의 승패는 자고로 보급에 달려 있다. 보급로를 차단하여 보급을 끊으면 아무리 강한 군대도 전쟁을 수행할 수 없게 될 것이다.
미국보다 더 강한 군대는 어느 나라 군대일까?
마하나임. 하나님의 군대다. 하나님나라의 군대는 세상의 어떤 나라의 군대와도 비교할 수도 없다. 하나님나라 군대가 막강한 까닭은 하나님의 보급 때문이다. 우리가 하나님의 나라를 위하여 욕심을 버리고 싸우면 하나님은 우리가 상상도, 계산도 할 수 없는 막강한 보급으로 지원해 주실 것이다. 그건 아주 당연한 일이고, 아주 상식적인 일이 아닐 수 없다.

7.
그러니 어떻게 그렇게 할 수 있느냐 묻지 말라. 계산하지 말라. 의심하지 말라. 누구든지 주 안에 있으면, 능력 주시는 자 안에 있으면, 능치 못할 일이 없는 강한 군사가 될 수 있고, 인간의 계산과 한계를 넘어선 큰일, 즉 대사(大事) 또한 이룰 수 있게 될 것이다.
"내게 능력 주시는 자 안에서 내가 모든 것을 할 수 있느니라"(빌 4:13). 아멘.

30 끝장 내기

1.

놀라운 일이고 감사한 일이 아닐 수 없다. 무지막지(?)하게 부담스러운 글인데도 모른 척 눈 돌리지 않고 따라붙는다는 뜻은 아무리 힘들어도 한 번 도전해 보겠다는 각오와 결심이 있기 때문이다. 마음에는 동의가 되어도 너무 부담스러워 눈 돌리기 쉬운 상황인데도 말이다. 진심에서 우러나오는 박수를 보내고 싶다.

2.

그러나 그럼에도 불구하고, 실천은 그렇게 생각처럼 만만한 게 아니다. 데살로니가전서 5장 19절에 보면 "성령을 소멸하지 말며"라는 말씀이 있다. 성령은 소멸한다는 뜻이다. 성령은 아주 잘 소멸한다. 그것은 성령 때문이 아니라 우리 때문이다. 우리가 죄인이기 때문이다. 여간 조심하고 조심하지 않으면 성령은 순식간에 소멸한다. 온전한 십일조를 도전하였다. 지난 달 온전한 십일조를 드렸는가? 혹시 이번 달엔 너무 힘들어서 다음 달부터 하기로 미루지는 않았는가? 한 달의 하루 몫 이삭줍기 실천했는가? 이미 그 이상을 하고 있는 분들은 상관없지만, 만에 하나 잊고 있었다면 끝까지 마하나임의 결단을 지키기 어려울지도 모른다.

온전한 십일조와 한 달 수입의 하루 몫 떼기 이삭줍기는 지금 자신의 형편과 처지를 묻지 말고 도전하자.

"울며 씨를 뿌리러 나가는 자는 반드시 기쁨으로 그 곡식 단을 가지고 돌아오리로다"(시 126:6). 아멘.

어떤 사람에게는 온전한 십일조와 한 달 수입의 하루 몫 떼기가 울며 씨를 뿌리는 것과 같이 힘들고 아픈 상황일 수도 있다. 그래도 도전해 보자. 이 한 번 꽉 깨물고 하나님을 궁지로 몰아가 보자.

3.

아마 넘어지는 사람도 있을 것이다. 그때 사탄은 '넘어졌으니 끝났다'라고 우리를 속일 것이다. '넘어진 김에 쉬어가라' 유혹할 거다. 그러나 거기에 속으면 안 된다. 넘어지지 않으면 좋겠지만 그건 그다지 쉬운 일이 아니다. 넘어질 수 있다. 그리고 사실 누구나 대개 넘어진다. 그래도 포기하면 안 된다. 넘어졌다고 포기할 필요는 없다.

우리말에 작심삼일(作心三日)이라는 말이 있다. 사람은 대개 누구나 다 작심삼일이다. 그런데 작심삼일을 이겨내는 방법이 있다. 그것은 삼일마다 작심하는 것이다. "넘어질 수는 있어도 포기할 수는 없다"고 소리 지르며 넘어질 때마다 일어서는 것이다. 그리고 목표를 향하여 한 걸음 한 걸음씩 나아가는 것이다.

4.

이제 결심했으니 넘어지지 말고, 아니 넘어지더라도 포기하지 말고 서로를 격려하며 끝까지 한 번 가보자. 끝장을 한 번 내보자.

MAHANAIM

PART 4

훈련의 절정
: 세상과 거꾸로 살기

바람이분다

MAHANAIM
어떻게 쓸 것인가 31

1.

마하나임의 군사로 자신의 살 같은 몫을 떼어 하나님께 드리며, 나보다 힘들고 어려운 이웃을 위하여 떼며 살아간다는 건 훌륭한 일이다. 아름다운 일이다. 건강한 일이다.

그런데 그에 못지않게 중요한 일이 있다. 그것은 뗀 몫을 어디에 어떻게 쓰느냐 하는 것이다.

2.

십일조 이야기를 하면 적지 않은 사람들이 꼭 다니는 교회에 해야 하느냐를 묻곤 한다. 그 질문 속에는 다니는 교회에 드리고 싶지 않다는 속마음이 담겨 있다. 나는 그런 질문을 받을 때마다 목사로서 부끄럽고 교인들에게 죄스럽다. 그리고 교인들이 피 같은 헌금을 드리고도 아까워하지 않고 기뻐할 수 있는 모범적인 교회를 목회하여야겠다는 다짐을 스스로 하곤 한다.

나는 다니는 교회가 교인들의 헌금을 하나님이 원하시는 대로 투명하고 정직하게 그리고 효율적으로 잘 사용하지 못하고 낭비한다면 그 교회에 헌금하는 것이 옳지 않다고 생각한다. 그럴 바에는 차라리 자신의 귀한 헌금을 그 헌금이 필요한 곳에 드리는 것이 훨씬 낫다고 생각한다.

3.

그러나 내가 이해하지 못하고, 동의하지 못하는 것은 십일조도 드리기 어려운 교회에 왜 출석하여 예배를 드리고 교회생활을 하는가 하는 것이다. 그래서 나는 십일조를 다른 곳에 드리지 말고 십일조를 드릴 수 있는 좋은 교회를 찾아 그 교회에 십일조도 드리고 그 교회에서 예배도 드리고 교회생활을 하라고 권한다.

그런데 정말 그보다 더 이해하지 못하고 동의하지 못하는 것이 하나 있다. 그것은 십일조는 잘 하지만 자신의 십일조를 교회가 제대로 잘 사용하고 있는가 아닌가에는 별로 관심이 없는 사람들이다. 자기는 그냥 자기 의무와 도리를 다했으니 그 헌금이 어떻게 쓰여지는지는 관심이 없다는 생각을 가진 교인들이 뜻밖에 많이 있다. 우리 같은 목회자들에게야 더 없이 좋은(?) 사람들이지만 사실은 그와 같은 입장을 가진 사람들 때문에 교회와 목회자들이 정신을 차리지 못하고 타락하게 되는 원인을 제공하는 사람들이라고도 할 수 있다.

4.

교인들의 헌금들이 투명하고 정직하게 그리고 무엇보다도 효과적이고 효율적으로 잘 쓰여지는 것이 중요하다. 나는 교인들의 많은 헌금들이 투명하고 정직하지 못하게 사용되고 있다면 효과적이고 효율적이지 못하게 낭비되고 있다고 생각한다.

교인들의 헌금이 그렇게 낭비되는 가장 중요한 이유 중 하나가 열심히 드리기만 할 뿐 자신들이 드린 헌금이 하나님 앞에서 투명하고 정직하게 그리고 효율적으로 잘 쓰여지는가에는 큰 관심을 갖지 않는 어리석으리만큼(죄송하다) 착한 교인들 때문이라고 생각한다.

5.

나는 내가 졸업한 신학대학교의 총장님께 '신학생들에게 경영학 오리엔테이션을 한 학기 필수로 이수하게 했으면 좋겠다'는 건의를 드린 적이 있다.

신학생들에게 경영을 가르친다는 것을 마땅치 않게 생각하시는 분들이 많다. 그런 분들은 경영을 하나님을 신뢰하고 의지하지 않는 인간적이고도 인본주의적인 것으로 생각한다. 비신앙적인 것으로 이해한다.

그러나 나는 그렇게 생각하지 않다. 하나님은 합리적이고 상식적인 분이시다. 그 합리와 상식을 만드신 분이 하나님이시기 때문이다. 물론 하나님은 그 인간의 합리와 상식을 뛰어 넘으실 때가 있다. 하나님은 사람이 아니시기 때문이시다. 그러나 그럼에도 불구하고 그것은 비합리와 비상식이 아니다. 그것은 초합리와 초상식이라 부르는 것이 옳고 맞다.

6.
그러나 하나님은 우리 인간을 위하여 합리와 상식을 창조하셨다고 나는 믿는다. 그러므로 나는 신앙이 상식과 합리를 무조건 부정하는 것이라 생각하는 것에 동의하지 않는다. 무슨 일을 합리적으로 그리고 상식적으로 판단하고, 그것을 효과적이고 효율적으로 운영하는 것을 배우는 것이 나는 경영학이 아닌가 생각한다. 그것은 사업을 하는 기업가에게만 필요한 것이 아니라, 목회를 하는 목회자들에게도 필수적으로 필요한 것이라고 생각한다.
경영의 원리와 원칙을 무시하는 목회자들 때문에 목회는 불투명하고, 따라서 부패하며, 비효율적이고 비민주적이고 비효과적으로 변질되고 퇴보한다. 그것이 상식적이고 합리적인 사고를 하는 건강한 교인들을 교회로부터 멀어지게 하고, 그것이 나는 오늘날 우리 교회의 몰락과 무관하지 않다고 생각한다.

7.
나는 이 땅에 하나님의 나라를 세워가기 위해서 마하나임의 군사가 되기로 한 사람들은 하나님과 사람을 위하여 몫을 잘 떼는 것도 중요하지만, 그 뗀 몫을 하나님나라를 위하여 잘 쓰고 활용할 줄 아는 것도 중요하다고 생각한다.

평생 목회를 하다가 이제 은퇴를 앞두고 있다. 평생 교인들의 헌금을 책임지고 집행하고 사용하는 일을 하였다. 실수한 것도 많고, 하나님과 교인들 앞에 죄송한 것도 많다. 그러나 그럼에도 불구하고 교인들의 헌금을 하나님 앞에서 부끄러움 없이 투명하게 그리고 정직하게 사용하려고 노력해왔다. 그런데 더 중요한 것은 투명하고 정직한 것뿐 아니라 보다 효과적이고 효율적으로 사용하는 것이라는 것을 알게 되었다.

이제 그 이야기를 해 보자.

32 엄격하면 불편하다

1.

마하나임의 군사로 살아가려면 헌금과 후원금을 내는 사람으로 살 때도 많겠지만, 신실한 하나님의 사람들이 믿음으로 낸 헌금과 후원금을 쓰고 집행해야 하는 사람으로 살아가야 할 때도 있게 될 것이다. 후원금을 내는 사람으로 사는 것은 그래도 조금 쉽다. 그러나 하나님이 우리를 하나님의 사람들이 내는 헌금과 후원금을 맡아 잘 관리하는 사람으로 부르신다면, 그것을 맡아 정직하고 효율적으로 잘 관리한다는 것은 훨씬 더 중요하고 어려운 일이다. 그럴 때 마하나임의 군사는 어떻게 그 헌금과 후원금을 관리하고 집행할 것인가를 미리미리 공부하고 연습하고 훈련해야만 한다.

2.

돈은 무서운 것이다. 돈에는 장사(壯士) 없다. 돈은 절대로 만만한 것이 아니다. 돈에 대한 훈련을 받아놓지 않으면 우리는 거의 백발백중 돈에 무너지게 된다. 돈에 대하여 자신은 문제없다 큰소리 치는 것은 위험한 일이다. 특히 자기 돈도 위험하지만 공적인 돈을 집행하고 관리할 때는 더더욱 그렇다.

3.
공적인 돈, 다시 말해 교인들의 헌금과 후원금을 관리하고 집행하게 되었을 때와 국가나 회사나 기관의 돈을 집행하는 권한을 갖게 되었을 때, 첫째, 그 돈이 교인들의 피와 땀이라는 것을 기억하라. 탈북자 창업 가게를 위하여 '이야기를 담은 라멘'이라는 일본식 라멘 가게를 창업하였다. 하루 매출 80만 원이면 적자 보지 않고 탈북 청년 둘 정도 월급 주고, 아르바이트생 몇 명 조금 후하게 일당 줄 수 있다. 그런데 그게 그렇게 만만하지 않다. 일주일 중 목요일 매상이 제일 높다는데 그때 매상이 이제 70만 원 선을 육박하고 있다. 약 5개월 된 식당인데 그나마 선방하고 있는 것이다. 하루 6-70만 매상을 올리기 위하여 주방장, 부주방장, 홀 서빙 아르바이트 2명이 얼마나 수고를 하는지 모른다.

4.
가끔씩 라멘 가게에 가서 그 모습을 지켜보며 생각한다. '내가 교회와 선교회에서 집행하고 있는 돈이 교인들이 저렇게 수고해서 번 돈으로 낸 것이구나' 하는 생각을 하곤 한다. 나도 어려서는 가난해서 돈이 힘든 걸 알았는데 큰 교회의 목사로 반평생을 사는 동안 돈에 대한 감각이 둔해졌다. 교인들의 헌금을 집행하고 쓸 때 두렵고 떨리는 마음이 자꾸 줄어든다. 교인들이 힘들게 벌어 헌금한 돈이라면 그 돈을 쓰고 집행하는 사람들도 그 돈을 그렇게 힘들게 조심하며 쓰고 집행하여야 한다.

5.
둘째, 정직하라. 말에 정직하기도 어렵지만 돈에 정직하기가 생각처럼 쉽지 않다. 돈에 정직하기 위하여, 특히 헌금과 공적 자금에 정직하기 위하여 자신의 정직을 신뢰하는 건 위험한 일이다. 시스템을 만들어야만 한다. 그런 시스템은 우리 교회보다 세상의 조직들이 훨씬 더 앞서가고 있다. 그것은 감사 시스템이다.

교회의 대표로서 목회비가 책정되어 있다. 우리 교회는 그 목회비를 카드로 지출하게 하였다. 근거 자료가 남기 때문이다. 그것을 우리 연합선교회 감사가 해마다 감사한다. 나는 재단의 대표이기도 하다. 재단의 대표이기 때문에 판공비가 책정되어 있고, 그 또한 카드를 사용한다. 당연히 재단도 감사를 받는다. 그런데 교회 감사보다 재단 감사가 훨씬 더 엄격하다. 재단은 국가기관의 감사를 받아야 하는데 얼마나 엄격한지 모른다. 그에 비해 교회의 감사는 조금 느슨하다. 느슨하면 편하다. 그런데 대신 철저히 정직하게 사는 삶이 불편해진다. 감사가 느슨하면 정직도 느슨해진다. 엄격하면 불편하다. 그러나 지내놓고 보면 그게 편하다.

6.

교회처럼 느슨한 재정 집행을 하는 조직은 요즘 세상에 없다. 하나님께 드린 돈이니 잘못 집행하면 하나님이 심판하실 것이라면 일체 손 떼고 방관하는 교인들이 많은 교회가 제법 있다. 우리 목회자들이 교인들을 그렇게 가르치고 훈련시켰기 때문이다. 나는 그것을 우민교육(愚民敎育)이라고 생각한다. 그래서 교회가 편해졌다. 목회자들과 교인들의 헌금을 관리하는 사람들이 편해졌다. 그러나 편해진 게 좋은 게 아니다. 그건 위험한 거다.

마하나임의 군사가 되기를 소원하는 분들이 목회를 하거나 세상의 기관과 조직의 책임자로 헌금과 공적자금을 관리하게 된다면, 자신을 신뢰하지 말고 엄격한 감사 시스템을 만들어 스스로를 불편하게 하라. 그렇게 해서라도 정직하기를 힘쓰라.

7.

그리고 정직을 위한 또 하나의 팁은 유리지갑을 사용하는 것이다. 다시 말해 투명하게 공개하라는 것이다. 많은 교회들이 재정을 숨기고 있다. 공개하지 않고 있다. 공개하더라도 형식적으로 공개하고 있다. 공개하면 불편하기 때문이다. 공개하면 불편하지만 비공개하면 위험하다. 위험한 것보다는 불편하게 훨씬 낫다. 불편함이 자신과 조직 그리고 교회를 안전하게 하고 건강하게 한다는 사실을 기억하기 바란다.

33 맡겨 준 몫을 쓸 때

MAHANAIM

1.

동안교회 담임목사로 부임하였을 때 NGO 대표로 열심히 사역하시는 선배 목사님을 만나게 되었다. 함께 식사를 하는 약속이었는데 워커힐 호텔 일식집이었다. 부담스러웠다. 음식값이 만만치 않은 곳이었기 때문이다.

식사 값을 내가 내려 했다. 그러나 어림도 없었다. 그 선배 목사님은 식사 후 나를 워커힐 호텔 사우나로 데려갔다. 그리고 헤어질 때 호텔 베이커리에서 큰 케이크를 사서 아이들 가져다주라고 들려 주셨다.

그리고는 좀 더 많은 후원을 부탁하였다. 교회가 이미 후원을 하고 있는 곳이었는데 나는 그날 이후 그마저도 끊어버렸다. 기관의 돈을 그렇게 헤프게 쓰는 곳에 귀한 교인들의 헌금을 보낼 수는 없다고 생각하였다. 그 선배가 개인의 유익과 이익을 위하여 그런 행동을 한 것은 아니다. 그럼에도 불구하고 호텔 일식당과 사우나와 베이커리를 아무렇지도 않게, 쉽게 행정비와 사역비로 쓰는 곳에 교인들의 헌금을 보내고 싶지 않았다. 당연히 그 선배 목사님과는 그 후로 관계가 많이 불편하게 되었다.

2.
얼마 전 필리핀의 코피노와 베트남의 라이따이한을 섬기고 있는 어느 NGO 단체의 후원 모금 행사에 설교를 맡아 간 적이 있었다. 참 훌륭한 사역을 감당하고 계신 것을 보고 마음에 깊은 감동이 있었다.
함께 식사를 한 후 이사장이 후원 약정을 부탁하였다. 그러면서 우리가 후원해 주는 돈은 모두 사역에만 사용한다는 말씀을 하셨다. 사무실 운영이나 직원들 봉급은 이사장을 비롯한 이사들이 담당하고 있다고 말씀하셨다.
나는 그 이사장님의 생각에 동의하지 않는다. 나도 재단을 운영하고 있다. 재단을 세운지 얼마 되지 않아 후원자가 별로 없기 때문에 (요즘은 후원자가 생겨서 조금씩 후원금이 들어오고 있으나 거의 일 년 이상은 전혀 후원이 없었다) 사무실 운영이나 직원들 봉급은 전적으로 이사장이 개인적으로 담당하였다. 아직까지도 많이 부족하기 때문에 열심히 메꿔나가고 있다. 그러나 후원금이 안정적으로 들어오게 되면 나는 그 후원금을 사역비로만 사용하지 않고, 행정비와 직원들의 급여로도 사용할 작정이다.
기업의 후원을 받아 진행하고 있는 사역들이 있다. 탈북 청년들의 창업 교육 훈련이 그중 하나다. 그 밖에도 사회적 기업 진흥원의 지원을 받아 운영하고 있는 사업도 진행하고 있다. 기업이나 국가기관의 지원을 받을 때 우리 재단은 후원금의 15퍼센트를 행정비로 쓰는 것을 계약서에 명시한다.

당분간은 내가 개인적으로 그 일을 감당할 수 있겠지만 언젠가는 후원자들이나 후원기관의 후원금으로 사역비와 행정비 그리고 직원들의 봉급을 모두 감당하게 될 것이다. 그러나 후원자들에게 후원금의 몇 퍼센트는 사역비로 쓰고, 몇 퍼센트는 행정비나 직원들의 봉급으로 사용한다는 것을 말씀드리려고 한다.

그러니 앞에 말씀드린 코피노와 라이따이한 사역을 하고 계시는 이사장님의 운영 방침은 내 기준으로 보면 좀 치우치신 것이다. 좋은 쪽으로 치우치시기는 했지만 아무리 좋은 쪽으로 치우쳤다고 하여도 치우친 자세로는 오랫동안 지속가능한 조직 운영이 어렵다고 생각한다. 기회 있는 대로 이사장님에게 조언을 드리려고 한다. 그러나 그럼에도 불구하고 참 마음이 좋았다. 기분이 좋았다.

마침 그 단체가 최근 필리핀 어느 지역에 코피노를 위한 유치원을 새로 세웠다. 유치원에 필요한 것들이 있을 것 같아 우리 선교회(높은뜻연합선교회)가 무엇을 지원해 드리면 좋을까를 여쭈었다. 에어컨과 냉장고를 부탁하셨다. 부탁하신 것보다 2,3배 정도 더 많이 지원을 하겠다고 약속드렸다. 나는 우리 교회 교인들의 헌금을 그런 귀한 곳에 잘 전달하게 하는 것이 내 책임이라고 생각한다.

3.

나는 마하나임의 군사로 몫을 떼는 것도 중요하지만 그 땐 몫을 효율적으로 사용하는 것도 중요하다고 생각한다. 쓰는 것은 그 사람 책임이니까 상관하지 않는다는 분들이 뜻밖에 많이 있다. 특히 그 대상이 교회와 교회의 목회자인 경우에 심하다.

판단과 심판은 하나님이 하신다 생각하고 잘못되고 비효율적으로 예산을 집행하는 단체나 교회에 판단과 생각 없이 귀한 몫을 헌금하는 것은 옳지 않은 일이다.

개인의 돈도 그렇지만 나와 같이 교회나 공적기관의 돈을 집행하는 책임을 맡게 되었을 때는 그 돈을 어떻게 쓰고, 어느 곳에 보내야 하는가를 신중하게 고민하고 판단하여야 한다. 습관적으로, 개인의 친분에 따라 생산성이 떨어지고 비도덕적으로 예산이 집행되는 곳에 소중한 몫을 낭비하게 해서는 안 된다.

4.

교회의 목사나 당회원이 되었을 때 그리고 안수집사나 권사가 되어 교회의 돈과 예산을 집행하게 되었을 때, 그 돈이 교인들의 피 같은 귀한 헌금이라는 생각을 가지고 더 절약하고, 더 효과적으로, 그리고 더 정직하게 사용하기 위하여 힘써야 한다.

회사의 직원이 되어 회사의 돈을 집행하게 되었을 때, 자기 돈을 쓰는 것보다 더 정직하고 투명하게 그리고 효율적으로 집행하여 회사의 돈이 낭비되지 않도록 최선을 다하여야만 한다.

공무원이 되어 나라의 돈을 집행하는 책임을 맡게 되었을 때도 마찬가지다. 나는 국민으로서 마땅히 내야 할 세금을 내지 않는 사람들도 나쁘지만, 국민의 세금을 아끼고 잘 활용하려 하지 않고 함부로 오용하고 남용하는 사람들이 더 나쁘다고 생각한다.

나는 교인으로서 마땅히 해야 할 십일조와 헌금을 제대로 하지 않는 교인들도 문제가 있다고 생각하지만, 그러나 그보다 더 큰 문제는 그 교인들의 귀한 헌금을 하나님과 하나님의 나라를 위하여 바로 잘 사용하지 못하고 마치 개인 쌈짓돈 쓰듯 함부로 오용하고 남용하는 교회의 목회자를 비롯한 지도자들이 더 큰 문제라고 생각한다.

5.

마하나임의 군사들이 자신이 있는 곳곳에서 하나님이 말씀하신 선한 청지기가 되어 자기가 책임 맡은 재정과 예산을 잘 사용하고 집행하는 사람들이 된다면 세상은 얼마나 좋은 세상이 될 것인가? 그것이 바로 세상의 빛과 소금으로서의 삶을 사는 것이 아니겠는가?

미국에서 개인 사업을 하고 있는 친척 동생이 하나 있다. 예전에 그 동생의 사무실을 방문한 적이 있는데 그 사무실에서 근무하고 있는 어느 미국 남자 직원 하나를 가리키며 참 대단한 사람이라고 칭찬을 아끼지 않았다.

회사 전화로는 회사 일만 하지 절대로 사적인 용도를 위해서는 사용하지 않으며, 회사 사무실의 볼펜 한 자루, 편지 봉투 한 장을 개인적인 용도로는 쓰지 않는다는 것이었다. 사장이 그렇게까지 하지 않아도 된다며 회사 전화로 집과 친구들에게 전화해도 괜찮다고 이야기해 주었는데도 자기는 그게 불편해서 안 되겠다며 끝까지 고집(?)을 부린다고 나에게 이야기해 주었다. 회사 사장으로서 그런 직원을 만난다면 그건 행운이다. 행운을 넘어 축복이다.

솔직히 난 그렇게까지 하지 못한다. 핑계를 대자면 우리 한국의 문화적 정서는 좀 다르다. 퇴근 시간이 되었다고 해도 회사 일이 남았으면 칼같이 퇴근도 못하고, 우리 동생 회사 직원처럼 그렇게까지 공사를 분명하게 구분 짓고 살지도 못한다. 그러나 그럼에도 불구하고 그 미국 친구의 그런 정신이 나에게 도전이 된다.

6.

내가 좋아하는 말씀 중에 골로새서 3장 23절 말씀이 있다.
"무슨 일을 하든지 마음을 다하여 주께 하듯 하고 사람에게 하듯 하지 말라." 아멘.

나는 이 말씀을 자기 몫을 떼고, 그 몫을 쓰고, 뿐만 아니라 남이 맡겨 준 몫을 집행하고 쓸 때도 똑같이 적용해야 한다고 생각한다. 우리 마하나임의 군사들이 있는 곳곳에서 그렇게 빛과 같이, 그렇게 소금과 같이 살아주기를 기대하고 기도한다. 아멘.

34 수고한 대로 먹는 복

MAHANAIM

1.

꽤 오래 전(몇 십 년 전)에 우리나라에서 실제로 있었던 일이다. 어느 기업인이 자기 사업과 관계 있는 공무원에게 잘 부탁한다며 봉투를 건넸다. 그 공무원은 그 봉투를 거절하며 그 기업인에게 이렇게 말했다.

"충분히 이해합니다."
"아마 저라도 그랬을 겁니다."
"그러나 저는 예수 믿는 사람입니다."
"그래서 이 돈을 받을 수 없습니다."
"그러나 염려하지 마십시오. 제가 열심히 잘 도와드리겠습니다."

2.

1993년인가 코스타 주제가 '거룩과 능력'이었다. 나는 그때 프랑스 코스타에 강사로 갔었다. 그땐 유럽에서 하는 코스타를 '코스테'라고 부를 때였다. 나는 그 공무원 이야기를 하며 아이들에게 이렇게 이야기했다.

공부를 마치거든 교수, 연구원 등으로도 가겠지만 몇 사람은 공무원에 도전해 보라. 그래서 뇌물을 받을 수 있는 자리를 정복(?)해 보거라. 그리고 누군가가 너희에게 뇌물을 들고 오거든 오늘 이야기한 그 공무원처럼 이야기해 보거라.

"충분히 이해합니다."
"아마 저라도 그랬을 겁니다."
"그러나 저는 예수 믿는 사람입니다."
"그래서 이 돈을 받을 수 없습니다."
"그러나 염려하지 마십시오. 제가 열심히 잘 도와드리겠습니다."

그리고 그 말을 하나씩 선창하며 아이들에게 따라해 보게 하였다.

3.

내가 좋아하는 말씀 중에 시편 128편의 말씀이 있다.

"여호와를 경외하며 그의 길을 걷는 자마다 복이 있도다 네가 네 손이 수고한 대로 먹을 것이라 네가 복되고 형통하리로다"(시 128:1,2). 하나님은 '손이 수고한대로 먹는 것'을 복이라고 말씀하고 계신다. 나는 처음에 그 말씀이 잘 이해가 가지 않았다. 수고하고 먹는 것이 무슨 복일까?

그러나 나중에 알았다. 그것이 정말 복이라는 사실을. 세상엔 손이 수고함에도 먹지 못하는 일이 있을 수 있다는 것을 알게 되었고, 손이 수고하지 않았음에도 잘 먹고 잘 사는 사람들이 있다는 것을 알게 되었다.

그리고 그 둘 다가 우리에게 좋지 않은 일이라는 것을 알았다. 그리고 그 둘 다가 세상에도 좋지 않은 것이라는 것을 알게 되었다. 세상과 사람을 나쁘게 만들고 있다는 것을 알게 되었다.

4.

마하나임의 군사들은 불의한 돈에 대한 욕심을 버리는 훈련을 받아야 한다. 하나님이 주시는 정직하고 건강한 돈이 아니면 받지 않는 연습을 해야만 한다. 세상은 손이 수고한 대로 먹지 못하는 사람들과, 수고하지 않고도 먹는 사람들, 그것도 아주 많이 먹는 사람들 때문에 나빠지고 있다.

우리만이라도 하나님께 손이 수고한 대로 먹을 수 있게 해 달라고 기도하고, 수고하지 않은 것을 욕심내지 않게 해 달라고 기도하자. 그리하여 우리가 살아가는 세상을 손이 수고한 대로 먹을 수 있는 건강하고 아름다운 세상으로 만들어 나가자. 그런 세상을 우리 예수 믿는 사람들이 앞장서서 만들어 나가자. 우리 마하나임의 군사들이 만들어 나가자. 아멘. 아멘.

요령이 아닌 실력으로

1.

아이들이 학교에 다닐 때 학년이 끝날 때가 되면 아내가 아이 셋을 데리고 기독교백화점 같은 곳에 가서 선생님께 드릴 선물을 준비하곤 하였다. 그리고 카드와 함께 작지만 정성껏 준비한 선물을 드리게 하였다.

그러나 학기 중에는 그렇게 하지 않았다. 학기 중에 하면 작아도 뇌물이 되고, 학년 말에 하면 감사의 인사와 선물이 되기 때문이었다. 학기 중에 선물을 드리면 그것을 드리지 못하는 아이들에게 의도하지 않은 피해를 줄 수 있다고 생각하였다. 나는 내 아이들이 세상의 복이 되는 아이가 되기를 바랐지, 남에게 폐를 끼치는 사람 되기를 바라지 않았다.

2.

둘째가 우리 집에서 제일 먼저 군에 입대하였다. 훈련소까지 데려다 주었는데 뒷좌석에 둘째 아이 친구 둘이 탔었다. 그중 한 아이가 우리 둘째에게 이런 이야기를 해 주었다.

"야, 군대는 요령이래. 집합하면 앞에도 서지 말고, 뒤에도 서지 말고 가운데 숨어야 해."

내가 그 이야기를 듣고 웃으면서 이렇게 이야기해 주었다.

"야, 너희들이 무슨 미꾸라지 새끼냐? 그렇게 요령을 피우면 매 몇 대는 덜 맞을는지 몰라도 마음이 약해져서 오히려 더 힘들어. 오히려 집합하면 앞으로 튀어 나가. 뭐든지 정면돌파해. 그래야 오히려 군대생활이 편해져."

그리고 둘째에게 한 마디 더 해 주었다.

"아버지 군대에 아는 사람 많아. 장군들도 많지. 너를 군대 빼달라고는 못해도 좀 좋은 곳으로 보내달라는 부탁 정도는 할 수 있어. 그러나 아버진 그렇게 안 할 거야. 아버지가 하나님께만 전화해 놓을게."

하나님께 열심히 전화했는데 우리 둘째는 최전방 수색중대 유격 조교가 되었다. 최악의 조합이었다. 그러나 둘째는 애비의 말대로 정면돌파하였다. 그리고 그것이 험난한 인생을 살아낼 수 있는 평생의 힘이 되었다.

아이를 군대 보내며 아는 장군들에게 전화하지 않은 까닭은 학기 중에 선생님에게 선물하지 않은 이유와 동일하였다. 그것은 불공정한 일이기 때문이었다.

3.

둘째가 복무하고 있던 부대의 군목이 참 훌륭하였다. 저들의 선교 활동을 보며 군선교의 중요성을 새삼 깨닫게 되었다. 그래서 둘째가 군복무 하는 동안 제법 많은 군부대 교회를 건축하였다. 그러나 우리 교회 예산으로 둘째가 복무하고 있는 곳에는 건축하지 않았다. 그것도 불공정한 일이라 생각되었기 때문이다.

내가 그렇게 처신하는 것을 보고 교회 집사님 한 분이 개인적으로 우리 둘째 아이 부대에 예배당을 건축해 주었다. 그것까지 막지는 못했다.

4.

셋째가 신대원을 졸업하고 전임자리를 찾을 때 세습은 물론이고 청탁하는 전화 한 통 하지 않았다. 내가 전화하면 웬만한 전임자리 만들어 줄 수 있었다. 그러나 나는 내 아이들이 자기 실력으로 인정받고 평가받는 사람이 되게 하고 싶었다. 그런 생각을 하게 된 가장 이유 중 하나가 시편 128편의 말씀 때문이었다.

"여호와를 경외하며 그의 길을 걷는 자마다 복이 있도다 네가 네 손이 수고한 대로 먹을 것이라 네가 복되고 형통하리로다"(시 128:1,2).

나는 탈북자나 사회적 취약 계층민들 그리고 아프리카나 동남아시아의 가난한 나라 사람들을 도울 때도 구제를 잘 하지 않는다. 물론 구제도 필요하고, 긴급구제는 더 말할 필요도 없다. 그러나 나는 남을 도울 때도 '손이 수고한 대로'의 원칙을 고수하려고 한다. 그것을 우리는 '자립'이라고 한다. 그래야 건강한 사람이 되고, 건강한 세상이 된다고 나는 믿는다. 나는 그것이 하나님의 식이고, 방법이라고 생각한다.

5.

지난 번에는 '뇌물 받지 말자'는 이야기를 하였다. 그리고 지금은 '뇌물 주지 말자'는 이야기를 하고 있다. 그러나 그것은 세상을 몰라도 너무 모르는 이야기다. 어떻게 뇌물을 받지도 않고 주지도 않고 살 수 있겠는가?

받지 않는 건 그래도 독하게 마음먹으면 할 수 있는데, 주지 않고는 세상에서 거의 생존이 불가능하다. 그것이 세상이다. 그래서 나는 뇌물 안 주려고 바득거리지만 적당히 뇌물 주며 사는 사람들에 대하여 함부로 '나쁜 놈'이라고 정죄하지 않는다. 아니, 못한다. 나는 오히려 저들의 그와 같은 공정하지 못한 행동이 이해가 된다. 충분히 이해가 된다. 동의하지는 않지만….

6.

누군가는 이 세상을 바꿔야 한다. 그러면 살 수 없을 것 같지만 사실을 그렇지 않다. 그래도 살 수 있다. 아니, 그러면 더 잘 살 수 있다. 처음에 어렵지만 나중에 더 쉬워진다. 그 문은 좁아 보이지만 오히려 생명으로 인도하는 문이다. 왜 그게 그렇게 되는지는 다음 글에서 다루려고 한다.

뇌물과 청탁으로 문제를 풀지 말고 믿음과 실력으로 문제를 풀어 나가는 강인하고도 정직한 마하나임의 군사가 되자.

36 불공정 게임

1.

얼마 전 흙수저 금수저 이야기가 참 많이 나돌았다. 나는 그런 이야기에 동의하지 않지만, 그래도 그런 이야기를 하며 세상을 탓하는 사람들, 특히 젊은이들을 함부로 매도하기는 싫다. 동의는 안 해도 이해는 하고 싶다. 얼마나 힘들고 막막하면 젊은이들이 그런 이야기를 하겠는가?

흙수저 금수저 이야기의 핵심은 '불공정'이다. 세상이 불공정하다는 것이다. 사람을 가장 힘들게 하고 억울하게 하는 것이 있다면 그게 바로 불공정이다.

2.

한동안 세습 반대 운동을 나름 앞장서서 열심히 하였다. 내가 세습을 반대하는 가장 중요한 이유는 '불공정' 때문이다. 세습은 공정하지 않다. 교회에 불공정이 들어오면 교회는 건강을 잃어버린다. 교회마저 흙수저 금수저 논쟁에 휩싸이게 되면 교회는 경쟁력을 잃어 버리게 된다. 나는 우리 한국 교회가 그런 경쟁력을 벌써 잃어 버렸다고 생각한다. 그래서 사람들에게 밟히는 소금같이 되었다고 생각하고, 그것을 안타까워한다.

3.
뇌물은 대표적인 불공정 게임이다. 그런데 세상은 그와 같은 불공정 게임으로 이미 망가질 대로 망가져 있는 상태다. 그와 같은 세상에서 뇌물을 받지도 않고, 한 걸음 더 나아가 주지도 않겠다는 건 제정신이 아닌 것이다. 그것을 삶을 포기한 사람들이나 할 수 있는 소리다. 아님 돈 키호테든가.

4.
예수님은 '생명으로 인도하는 문은 좁다'고 말씀하셨다. 맞다, 예수님의 길과 문은 좁다. 그래서 들어가는 이가 적다. 그러나 생명으로 인도하는 길과 문은 입구만 좁다. 처음엔 힘들어도 '죽으면 죽으리라' 각오하고 참고 고집하면 점점 길과 문이 넓어진다. 처음엔 사람들이 바보인 줄 알지만 시간이 가면 갈수록 그를 신뢰하게 된다. 그리고 인정하게 된다. 결국에는 존경하게 된다. 먼저 하나님의 나라와 의를 구하는 것이 쉽지 않지만, 그렇게 하면 세상의 모든 것이 더하여지게 된다.

5.

예수님은 '사망으로 인도하는 문은 넓다'고 하셨다. 그래서 그리로 들어가는 이가 많다. 그러나 사망으로 인도하는 길과 문은 입구만 넓다. 시간이 가면 갈수록 길과 문은 좁아진다. 그의 사람됨이 점점 드러나고 들통이 나기 때문에 어느 누구도 그를 신뢰하지 않게 된다. 그래서 결국 사망에 이르게 되는 것이다.

6.

마하나임의 군사들이 세워 나가야 할 하나님의 나라는 공정한 세상이다. "손이 수고한 대로 먹을 것이라"는 말씀이 나는 좋다. 공정하기 때문이다. 공정한 세상은 하나님의 정의가 살 때 이루어진다. 하나님의 정의와 공의를 세우기 위하여 좁은 길 마다하지 않고 '죽으면 죽으리라' 고집하며 세상을 거슬러 올라가는 연어 같은 사람들이 되었으면 좋겠다.

7.

뇌물 주지 말자.
뇌물 받지 말자.
일확천금 꿈꾸지 말자.
투기하지 말자.
다 먹지도 못할 것 욕심내지 말자.

작은 것에도 감사할 줄 알고 자족하기를 배우자.

혹시라도 여유가 생기면 그것이 필요한 사람과 함께 나누자.

한 달에 하루 몫을 떼며 살아 보자.

밭의 네 귀퉁이를 떼어 주며 살아 보자.

희년의 정신을 어떻게 하든지 삶속에 구체화하며 살아 보자.

37 흘려보내는 훈련

MAHANAIM

1.

나는 당뇨병 환자다. 당뇨는 참으로 무서운 병이다. 당뇨는 침묵의 암살자 같다. 치명적인 상황에 이를 때까지 살고 활동하는데 큰 불편이 없다. 자각 증상이 없다. 거의 30년 째 당뇨를 앓고 있는데 기계로 당을 체크하지 않으면 나는 아직도 내가 당뇨병 환자라는 것을, 거의 경계선상에 아슬아슬하게 서 있는 위험한 환자라는 것을 자각하지 못한다.

2.

당뇨병은 당분을 분해하는 췌장 기능이 약해지거나 없어져서 당분을 분해하여 에너지로 다 쓰지 못함으로 과다한 당분이 혈액 속에 녹아 그 혈액이 혈관을 상하게 하는 질병이다. 혈액 속에 당분이 많으니까 건강한 혈액보다 끈적거리게 되고 건강한 사람보다 혈액의 흐름이 원활하지 못하여 심장에서부터 먼 곳과 혈관이 좁은 곳이 점차적으로 막히게 되어 조직의 괴사, 실명, 신부전증 같은 무서운 합

병증을 일으키게 되어 사람을 참 비참하게 하는 무서운 병이다.

3.

'흐름'은 생명이다. 잘 흘러야 건강하다. 잘 흘러야 깨끗하다. 물도 그렇고, 피도 그렇고, 돈도 그렇다.

4.

세상은 심각한 당뇨병 환자다. 돈의 흐름이 원활하지 못하다. 돈의 흐름이 원활하지 못한 까닭은 죄 때문이다. 죄의 뿌리인 욕심 때문이다.

5.

SNS에서 어느 유명한 야구선수 부인이 상속받은 재산이 1조원이 넘는다는 글을 보았다. 1조란 돈은 도대체 얼마나 되는 돈일까? 1조를 그냥 땅에 파묻어두고(그런 일은 있을 수 없겠지만) 매일 천만 원씩(한 달에 천만 원도 아니고 매일)을 쓴다면 일 년에 약 40억 원을 쓰게 될 것이다. 10년을 쓰면 400억, 100년을 쓰면 4,000억. 250년을 써야만 없앨 수 있는 돈이다.

6.

쓸 수 없는 돈은 쓸데없는 돈이다. 다 쓸 수도 없는 돈을 몇몇의 욕심 사나운 부자들이 다 깔고 앉아 있기 때문에 돈이 흐르지 못하고 고여서 썩어가고 있다. 돈이 흐르지 못하기 때문에 가난한 사람들이 생겨나게 된다. 돈 때문에, 괴사하는 조직처럼 죽어가는 사람들이 생겨나게 된다.

세상은 거대한 당뇨병 환자다. 세상을 병들게 하는, 그래서 죽어가게 하는 그런 부자들을 부러워하며 산다는 건 어리석은 일이다. 수치스러운 일이다. 돈을 흐르지 못하게 깔고 앉아 썩히고 죽이는 것은 옳지 않은 일이다. 아니, 악한 일이다.

7.

부자들 중에도 세상을 건강하게 하는 사람들도 있다. 우선 쉽게 생각할 수 있는 사람이 빌 게이츠, 워렌 버핏 그리고 리카씽 같은 사람들이다. 저들이 어마어마한 돈을 벌어들이는 과정에 어떤 문제가 있었는지는 잘 모른다. 저들도 사람이기 때문에 이런저런 문제가 있었을지도 모른다. 다만 오늘 내가 이곳에서 이야기하려고 하는 것은 저들이 그 많은 부를 혼자 깔고 앉아 썩히지 않고 다시 세상으로 흘려 보내고 있다는 것이다. 어마어마한 돈을. 괴사 직전에 있는 가난하고 어려운 나라와 사람들에게로 말이다.

8.

사도행전에 보면 초대교회 교인들이 오순절 날 성령 받고 거듭났을 때 저들에게 제일 먼저 나타났던 일이 있다. 그것은 누구도 자기 돈을 자기 것이라 생각하지 않고 필요를 따라 함께 나눈 것이다.

초대교회의 조직은 돈의 흐름이 세상에서 가장 좋았던 사회다. 하나님의 나라는 돈의 흐름이 완벽한 나라일 거라고 나는 생각한다. 굵은 핏줄에만 피가 흐르는 것이 아니라 작고 얇고 미세한 혈관에도 똑같이 건강하고 깨끗한 피가 흐르는, 그런 건강한 나라일 거라고 나는 생각한다.

나는 목사이지만 그런 세상을 꿈꾼다. 나뿐만 아니라 나의 사랑하는 자녀 손들이 살아가야 할 세상이 조금이라도 건강한 세상이 되기를 꿈꾸고, 돈 키호테처럼 창을 뽑아들고 풍차를 향해 돌격한다.

9.

세상이 거대한 당뇨병 환자가 된 책임은 부자에게만 있는 것이 아니다. 나에게도 있다. 액수의 차이가 있기는 하지만 돈의 흐름이 건강하지 못하다는 면에서 그 거대부자들과 나는 사실 별 큰 차이가 없다. 내게도 작든 많든 쓰지 않고, 꼭 필요하지도 않음에도 세상을 향하여 흘러가지 못하고 붙잡혀 썩어가는 돈들이 있다.

흘려 보내는 연습을 하며 살자. 하나님에게로, 하나님이 사랑하시는 가난하고 병들고 약한 세상과 사람들에게로, 흘려 보내는 연습을, 아니 연습을 넘어 훈련을 하며 살자.

10.

나는 당뇨병과 싸우며 살아가고 있다.

피의 건강한 흐름을 위하여.

돈의 건강한 흐름을 위하여.

우리 같이 싸우자.

하나님과 하나님의 나라를 위하여.

하나님의 영광을 위하여.

MAHANAIM

헛일과 큰일

38

1.

'사회적 기업'이라는 말이 유행처럼 되었다. 아직 초기 단계이고 무늬만 사회적 기업인 경우가 대부분이지만, 그래도 그게 어디냐 싶다. 감사한 일이 아닐 수 없다.

2.

일반 기업과 사회적 기업을 정확히 정의해 주는 말이 있다. 나는 그 말을 참 좋아한다. "일반 기업은 빵을 팔려고 고용하지만, 사회적 기업은 고용하려고 빵을 판다."
빵을 팔아 돈을 버는 일을 무조건 잘못된 일이라고 할 수는 없다. 그래도 고용하려고 빵을 판다는 말은 얼마나 근사한 말인지 모른다. 신학을 하기 전 사회적 기업에 대한 정의를 알았다면 난 아마 신학교 안 가고 사업하려고 했을 것이다. "고용하려고 빵을 판다!" 나는 그 근사한 말과 일에 생명을 걸어도 좋다고 생각한다. 세상에 그렇게 근사하고 훌륭한 말과 일이 어디 있는가?

3.

사업을 하는 집사님 한 분이 내 사무실에 들어오셨다. 소파에 털썩 주저앉기에 무슨 일이시냐 물었다.

"헛장사했어요."

"왜요?"

"직원들 월급 주고 세금 냈더니 한 푼도 안 남았어요."

"큰일하셨구먼."

"아, 목사님. 한 푼도 안 남았다니까요."

"직원들 월급 주었다면서요?"

"네."

"세금도 다 내시고요?"

"네."

"그게 큰일이지 왜 헛일입니까?"

"집사님, 이 사업 정리하고 그 돈 은행에 넣으시면 이자만 받아도 평생 골프치고 사실 수 있지요?(그때는 은행이자가 연 10퍼센트 정도 되는 시절이었다)"

"아마 그럴 겁니다."

"사람들이 왜 사업을 하느냐 물으시면 말이라도 한 번 이렇게 해 보세요."

"내가 이 골치 아픈 사업 왜 하는지 아냐? 골치 아픈 사업 정리하고 은행이자만 받아도 평생 골프치고 사는데 아무 지장 없지만, 난 직원들 월급 주려고 사업한다. 세금 내려고 사업한다."

그 말에 우리 집사님 완전히 감동 받았다.

내가 다그쳐 물었다.

"집사님, 큰일이에요 헛일이에요?"

"제가 큰일하고 있네요."

"그렇지요?"

"네."

"그럼. 감사헌금 좀 하셔야지요."

"아, 네."

4.

사업의 중요한 목적 중 하나는 직원들 월급 주는 것이다. 그것도 잘. 그것을 통하여 '돈'이라고 하는 피를 세상 구석구석 잘 흘러가게 하는 것이다. 그런데 요즘 사업은 무슨 블랙홀처럼 돈을 빨아들여 빈익빈 부익부의 현상만을 만들어내고 있다.

'흐름'은 생명을 만들고, '빨아들임'은 사망을 만든다.

5.

2001년 10월 7일, 높은뜻숭의교회가 시작되었다. 높은뜻숭의교회는 보이는 예배당을 건축하는 대신 보이지 않는 성전을 건축하기로 하였다. 탈북자들과 사회적 취약 계층민들의 자활을 위하여 열매나눔재단을 설립하였다. 아프리카와 동남아시아의 가난한 나라 사람들의 자립과 자활을 돕기 위하여 열매나눔 인터내셔널 재단을 설립하였다.

두 재단이 메자닌아이팩, 메자닌에코원이라고 하는 공장을 세웠고, 지금도 국내외에서 가난한 이웃들의 직업 창출과 자활을 위하여 이런저런 일들을 열심히 전개하고 있다.

피피엘 재단이 하고 있는 일도 다 마찬가지다. 피가 잘 통하지 않는 사회와 세상의 구석구석에 피가 잘 흐르도록, 손이 수고하면 먹을 수 있는 일들을 만들려고 피가 마르도록 애를 쓰고 있다.

내 사무실은 열매나눔재단 건물 안에 있다. 재단 건물 사방에 붙어 있는 포스터들. 나는 보기만 해도 행복하다. 아직은 실개천에 불과하지만, 그래도 꾸준히 흘러내려가다 보면 실개천이 개울이 되고, 시내가 되고, 강이 되고, 폭포도 되고, 어느 날엔가 '하나님나라'라고 하는 큰 바다에 이르게 될 것이라 믿는다.

6.

힘들다. 요즘 참 많이 힘들다. 새벽 2시가 넘도록 잠을 이루지 못할 때도 있다. 기대했던 일들 몇 개가 펑크나면서 계획에 차질이 빚어졌다. 늘상 있는 일이다.

'씨를 뿌릴 때에 나지 아니할까 슬퍼하며 심히 애탈지라도'

무슨 일을 할 때마다 하나님은 한 번도 쉽게 허락해 주시질 않는다. 애를 태우신다. 환도뼈를 꼭 꺾으신다. 참 힘들다.

함께할 사람들이 있었으면 좋겠다. 때가 되면, 하나님의 시험에 합격하면 그런 사람들을 붙여주시리라 믿고 기대한다. 그 사람들이 군대처럼 많을 거라 확신한다.

39 근사한 흐름

MAHANAIM

1.

우리 집은 가난했다. 수위셨던 우리 아버지 월급은 쌀 한 가마 반을 살 수 있는 수준이었다. 1977년에 결혼을 했는데 그때까지 우리 집 한 달 총수입은 5,6년 경력 초등학교 교사 한 달 월급의 약 40퍼센트 정도였다(아내가 초등학교 교사였다).

2.

우리 외갓집이 부자였다. 꽤 부자였다. 부자인 외삼촌 집과 가난한 우리 집은 참 사이가 좋았다. 삼촌들은 어떻게 하든지 우리를 도우려고 했고, 가난했던 우리 어머니는 어떻게 하든지 도움을 받지 않고 스스로의 힘으로 살려고 애썼다. 그래도 이래저래 참 도움을 많이 받았다. 도움을 받으면 우리 어머니는 그것을 당연한 일로 여기지 않으셨다. 진심으로 감사할 줄 아셨다. 그래서 부잣집과 가난한 집 사이가 좋았던 것이다.

3.

세상도 이러면 좋지 않을까? 부자들은 어떻게 하든지 가난한 이웃을 도우려 하고, 가난한 사람들은 어떻게 하든지 스스로의 힘으로 자립하려 애쓰며, 도움을 받을 때 그것을 당연한 일로 여기지 않고 진심으로 감사하려고 한다면, 세상은 우리 집과 우리 외삼촌 집처럼 사이좋은 세상이 될 것이다.

나는 돈 키호테처럼 부자와 가난한 사람이 서로 사이좋은 세상을 꿈꾼다. 그런데 그거 돈 키호테 아니다. 그런 세상이 성경에 나온다. 오순절 날 성령 받고 거듭난 초대교회 교인들이 그런 삶을 살았다.

4.

내가 처음으로 전도사(교육전도사)로 사역한 곳은 인천제일교회였다. 당시 곽선희 목사님이 담임목사셨다. 주일 저녁이 되면 꼭 사모님이 저녁을 준비하여 교육전도사까지 대접해 주셨다. 감사했다. 주일 저녁마다 목사님 댁에서 저녁을 먹으며 이 빚을 꼭 갚으리라 생각했다.

5.

청량리중앙교회에서 부목사가 되었을 때 사택이 교회 마당 안에 있었다. 곽 목사님과 사모님을 생각하며 우리도 주일 저녁마다 저녁을 준비하여 교육전도사님들을 대접하였다. 나보다 나이가 많으셨던 전도사님 한 분이 매 주일 우리가 저녁 준비하는 것이 미안하셨는지 선뜻 잘 들어오질 못하셨다. 그래서 저녁시간이 되면 찾으러 다니는 일이 많았다.

전도사님에게 우리가 왜 주일마다 이렇게 전도사님 식사 준비를 하는지 그 이유를 설명해 드렸다. 내가 진 빚을 갚기 위해서라고 말씀드렸다. 그 다음 주일 저녁엔 찾지 않았는데도 시간 맞춰 우리 집으로 들어오셨다. 마루문이 미닫이 문이었는데 문을 열면 요란한 소리가 나는 그런 문이었다. 그 마루문을 와르릉 열어젖히며 전도사님이 외치셨다.

"목사님, 빚 받으러 왔습니다."

6.

나눌 줄 알고, 도울 줄 알고, 스스로 자립하려고 애쓸 줄 알고, 도움을 받으면 진심으로 감사할 줄 알고, 훗날 기회가 되면 그 빚 세상에 돌려 갚을 줄 알았으면 좋겠다. 그러면 세상은 참 근사한 흐름이 형성될 게다.

부자와 가난한 사람, 강한 사람과 약한 사람이 서로 사이좋게 지내는 세상이 될 게다. 이리와 어린 양이 함께 뒹구는 이사야서 11장의 그런 나라가 될 게다. 하나님나라가 될 게다. "나라가 임하시오며"라는 주기도가 응답받게 될 것이다.

MAHANAIM

좋은 세상을 위하여　40

1.

'십시일반(十匙一飯)'이라는 말이 있다. 한 숟가락씩을 덜어 한 그릇의 밥을 만든다는 뜻이다. 밥 한 숟가락만으로는 굶주린 한 사람의 배를 불릴 수 없다. 그렇다고 자기는 굶고 굶주린 사람에게 자기 밥을 다 줄 수도 없다. 한두 번을 그럴 수 있으나 매번 그럴 수는 없다. 그러나 열 사람이 한 숟가락씩을 모으면 한 사람을 살릴 수 있다.

2.

부자 한 사람이 어려운 사람을 혼자서 담당하는 것도 귀하다. 그러나 부자가 아닌 열 사람이 정말 한 숟가락의 밥이지만 자기의 것을 덜어내어 그것으로 한 사람 몫의 밥을 만들어 그 사람을 살리는 것은 그에 못지않게 귀하고 아름답다. 아니, 어쩌면 훨씬 더 귀하고 아름다운 일일는지도 모른다. 부자의 선행도 귀하지만 자기도 넉넉지 못한 사람이 자기보다 더 힘들고 어려운 이웃을 위하여 고통을 분담한다는 건 훨씬 더 귀하고 아름답다.

'노블리스 오블리주'라는 말이 있다. 보통 '가진 자의 책임'이라고 알고 있는 말이다. 좋은 말이다. 옳은 말이다. 그런데 이 말 속에는 매우 위험한 함정이 하나 숨어 있다. 그것은 모든 사회적인 책임을 '가진 자', 즉 노블리스에게 전가하고 자신은 노블리스가 아니기 때문에 사회적 약자들에 대하여 책임 없다고 생각하는 것이다.

3.

명품은 부자들만 소유할 수 있지만, 그 명품과 비교할 수 없는 사회적 책임은 꼭 부자들만 할 수 있는 것이 아니다. 전에 한 번 소개하였던 에피소드를 다시 한 번 소개하고 싶다.

동안교회 시절 이삭줍기 운동을 실시하였다. 한 달의 하루 몫 떼기 운동이었다. 공장에 다니며 일당을 받는 독거노인 할머니 한 분이 이삭줍기 헌금으로 11,000원을 내셨다. 사연을 적는 곳에 연필로 "공장 하루 품삯"이라고 쓰셨다. 다음 달 이삭줍기 헌금은 13,000원을 내셨다. 사연을 적는 곳에 "오늘은 잔업을 해서 2,000원을 더 받았다"라고 쓰셨다.

하루 11,000원을 받는 할머니가 자기보다 더 어려운 이웃을 위하여 하루 품삯을 내신 것을 나는 아마 평생 잊지 못할 것이다. 내가 받았던 헌금 중 가장 귀하고 크고 아름다운 헌금이었다. 하나님도 그렇게 생각하실 것이다.

4.

탈북자와 다문화가정 그리고 사회적 취약 계층민 100명을 사장 만드는 임파서블한 미션을 진행하고 있다. 이름하여 '백사장 프로젝트'이다.

나는 가게 하나를 창업하는 자금을 1억 원으로 생각하고 있다. 사장감을 키우는 일이 우선이다. 사장감이 준비되면 1억 원 모금 운동을 벌일 것이다.

내 주변에는 1억 원을 혼자 내 줄 사람들도 제법 있다. 당연히 저들에게 제안하고 가게 하나를 맡아 달라고 부탁할 작정이다. 그러나 내가 만일 일을 그렇게만 진행한다면 마음은 있지만 혼자서 1억 원을 낼 수 없는 사람은 이 프로젝트에 동참할 수 없다.

내 주변에는 1억 원은 몰라도 천만 원 정도는 백사장 프로젝트를 위하여 내줄 사람들도 꽤 있다. 그런 사람 열 사람 모으면 가게 하나를 오픈할 수 있다. 천만 원을 낼 수 있는 사람이 내겠다고 한다면 "Why not?", "Welcome, Thank you, OK"다.

그러나 내가 주력하고 싶은 방법은 100만 원을 낼 수 있는 사람 100명씩 모아 그 100명이 모일 때마다 가게 하나씩을 창업해 나가는 것이다. 10만 원을 낼 수 있는 사람 1,000명을 모아 창업하는 가게도 만들고 싶다. 그 1,000명의 이름을 작은 동판에 새겨 가게 한 구석에 붙여 놓고 장사를 한다면 참 감동적일 것이라는 생각이 든다.

사장은 백 명인데 그 사장을 만드는 사람은 천 명도 되고, 만 명도 될 것이다. 사장이 되는 백 명도 귀하지만, 그런 사장을 만들겠다고 십시일반 숟가락 들고 덤벼드는 사람 천 명, 만 명이 생긴다는 건 세상을 위하여 더 귀하고 아름다운 일이 될 것이다.

5.
생각만 해도 재미 있다.
부자도 마하나임 될 수 있다.
가난한 자도 마하나임 될 수 있다.
부자도 마하나임 되어야 하고,
가난한 사람도 마하나임 되어야 한다.
1억 원을 내도 마하나임이고,
1,000만 원을 내도 마하나임이고,
100만 원을 내도 마하나임이고,
10만 원을 내도 다 똑같은 마하나임이다.

6.
내 아이패드에는 마하나임 글쓰기를 위한 방이 따로 있다. 그 방의 이름은 '좋은 세상을 위하여'이다. 내가 내 몸을 관제로 쏟아붓고 싶은 삶의 명제는 '좋은 세상'이다.
소득은 높아졌는데, 생활 수준은 말도 못하게 높아졌는데, 세상은 점점 더 흉악해지고 나빠져가고 있다. 세상이 좋아졌으면 좋겠다.
세상을 조금이라도 좋게 만드는 일에 쓰임 받았으면 좋겠다.
내가 생각하고 꿈꾸는 '좋은 세상'은 결국 '하나님나라'다. 그래서 나는 주기도문의 '나라가 임하시오며'라는 기도가 참 좋다.
나라를 위하여 군대가 필요하다.
군대에는 군사가 있어야 한다.
마하나임.
일어나 함께 가자.

PART **5**

실전에서
승리하기

바른바람

MAHANAIM

섬기는 기술 41

1.

어려운 이웃을 돕는 데도 지혜가 필요하다. 공부가 필요하고 연구가 필요하다. 마음만 뜨겁고 머리가 차갑지 않으면 열심히 돕기는 돕는데 돕는 효과가 적거나 약하기 쉽다. 심지어는 오히려 도우려고 하는 대상을 더 나쁘게 만들 수도 있다.

2.

나는 그중 하나가 '무조건적인 구제'라고 생각한다. 어려운 이웃을 보면 우선 구제해야 한다. 예수님이 말씀하신 선한 사마리아 사람의 선행은 구제였다. 긴급구제였다. 구제는 단위가 높은 항생제 같다. 염증이 심해서 그것 때문에 생명이 위급한 환자들을 위해서는 항생제 처방을 해야 한다. 그러나 단위가 높은 항생제를 무분별하게 끊임없이 투여한다면 그 환자는 그 지나친 항생제 처방 때문에 죽게 될 것이다.

3.

열매나눔 인터내셔널에서 말라위 그물리라 마을을 섬기고 있다. 르완다와 베트남에서도 이런저런 사역을 감당하고 있다. 우리 재단은 구제보다 자립과 자활에 주력하고 있다. 웬만해선 뭘 그냥 주는 일은 하지 않는다.

말라위 그물리라를 5년 동안 섬기면서 아이들에게 신발 한 켤레, 티셔츠 한 장 보내지 않았다. 불쌍하지만, 신발 안 신고 다닌다고 죽지 않는다. 낡은 티셔츠 입고 다닌다고 아프리카에서 얼어 죽지도 않는다. 얼마든지 신발 모아서 보내 줄 수 있다. 얼마든지 티셔츠 모아서 보내 줄 수도 있다. 보내 주면 우리 마음은 좋다. 그리고 저들에게도 조금은 도움이 될 수 있다. 그러나 스스로의 힘으로 자립하고 자활하려 하지 않고 손쉽게 손 벌려 남에게 의지하려고 하는 마음을 키운다면 조금 돕고 많이 나쁘게 만드는 것이다. 그래서 불쌍하지만, 보내 주고 싶지만, 보내 줄 수 있지만 티셔츠 한 장, 신발 한 켤레 보내지 않았다.

4.

신용협동조합을 교육하고 만들었다. 조합원을 모집하였다. 조합원은 회비를 내야만 한다. 마을 주민이 300만 원의 조합비를 모았다. 그 마을에선 적지 않게 큰돈이다. 우리 재단이 300만 원을 매칭하여 주었다. 마을에 600만 원 자본금의 신용협동조합이 생겼다.

마을 신용협동조합에서 대출을 받아 사업을 시작하는 사람이 생겨났다. 빵가게 하겠다는 사람, 목공소 하겠다는 사람, 구멍가게 하겠다는 사람. 저들이 모두 적지만 성공하였다. 세 가게 모두 일 년도 되지 않아 두 배 이상 성장하였다. 저들이 신용협동조합에서 대출 받은 사업자금은 70불이었다.

5.
말라위 그물리라는 옥수수 농사에 의존하여 살아가는 전형적으로 가난한 아프리카 마을이다. 우리나라 전쟁 직후만큼이나 경제적인 여건이 나쁘고 어렵다. 쪼들리고 쪼들리다 옥수수를 추수하면 그것을 팔아 이것저것 해결하고 남은 것으로 겨우 연명해 나가는 사람들이 대부분이다.

말라위 부자들은 큰 창고를 짓고 옥수수 추수철이 되면 수집인들을 고용하여 마을마을을 돌아다니며 옥수수를 헐값에 사들인다. 그리고 창고에 보관하였다가 옥수수가 다 떨어져 갈 때쯤, 그래서 옥수수 값이 최고일 때 창고를 풀어 판매한다. 보통 말라위 부자들이 옥수수 창고를 통하여 벌어들이는 수익은 400퍼센트에서 500퍼센트이다.

우리 재단이 창고를 지었다. 옥수수 1kg 20콰차(우리나라 돈으로 600원 정도)일 때 30콰차씩을 주고 100톤 정도를 샀다. 20콰차는 후려친 가격이고 30콰차가 정당한 가격이라고 판단되어 그렇게 하였다. 그것이 100콰차(5배)가 되었을 때 창고를 풀어 40콰차에 팔았다. 100콰차면 굶어 죽는 사람이 나온다. 그러나 40콰차이면 세 끼를 다 못 먹는 사람은 있어도 굶어 죽는 사람은 생기지 않는다.

정말 우리 마을에서는 굶어 죽는 사람이 나오지 않았다. 우리는 그 프로젝트를 '요셉 프로젝트'라고 이름을 지었다. 전주에서 병원을 운영하고 계시는 어느 장로님이 처음 비용을 후원해 주셨다.

마을 잔치를 한 적이 있었는데 초등학교 아이들이 합창을 하였다. 그런데 그 노래 가사가 기막혔다.

"이제 우린 굶지 않는다."

마을 사람들을 아사에서 건지면서도 요셉 프로젝트는 33퍼센트의 이익을 남길 수 있었다. 그랬기 때문에 그 사업은 일회성이 아니라 해마다 계속 돌아갈 수 있게 되었다. 그리고 그 프로젝트를 위하여 직원도 고용할 수 있게 되었다.

그런 식으로 우리 재단이 지난 5년 동안 이런저런 일에 고용한 직원의 수가 60명이 넘는다. 이런 식으로 몇 년만 더 열심히 저들을 섬기면 마을에는 신발 못 신고 다니는 아이들의 수가 점점 줄어들게 될 것이다. 그 마을은 신발을 얻어 신는 마을이 아니라 벌어서 사 신는 마을이 될 것이다.

6.

그 요셉 프로젝트가 코이카의 지원을 받게 되었다. 코이카의 지원을 받게 되면 일이 커진다. 그렇게 되면 우리 그물리라 마을만이 아니라 주변에 있는 여러 마을로 그 사업을 확대해 나갈 수 있다.

가난하고 어려운 사람들을 돕고 섬겨 함께 잘 사는 세상을 만들자는 생각은 사회주의적인 생각이다. 그러나 그와 같은 사회주의적인 목표를 달성하려는 내 방식은 자본주의다. 사회주의 생각은 이상적이지만 방법이 비현실적이어서 생산성이 떨어지고 효율성이 떨어지게 된다. 돈이 자꾸 죽는다.

나는 가난하고 어려운 이웃들을 돕고 섬기는 일을 자본주의 방법으로 하려고 한다. 쉽게 말해 비지니스 마인드로 하려고 한다. 그래서 돈을 죽이지 않고 살리려고 한다. 말처럼 쉬운 일은 아니다.

나는 그와 같은 일을 하려고 할 때 80퍼센트를 목표로 한다. 20퍼센트 정도는 손해 볼 것을 각오한다. 물론 요셉 프로젝트처럼 수익을 낼 때도 있지만 모든 일이 다 그런 것은 아니다. 나는 80퍼센트만 회수되어도 100퍼센트를 무상으로 지원하는 것보다 훨씬 더 세상을 건강하게 한다고 생각한다.

가난하고 어려운 사람들에게 핸디캡을 주자는 것이다. 80점만 맞아도 그것을 100점으로 봐주자는 것이다. 무조건 그냥 퍼주기만 하면 빵점 맞을 수밖에 없는 사람에게 자립과 자활의 정신을 심어주어 80점을 맞게 한다면 그건 정말 대단한 일이다.

7.

이웃을 돕고 섬기는 데도 기술이 필요하고 철학이 필요하다. 아직 유치원과 초등학교 수준이지만 끊임없이 공부하고 노력하여 조금씩 조금씩 발전시켜 나갈 것이다. 수많은 시행착오를 거치겠지만, 그 때문에 피 마르고, 잠 못 자고, 애타겠지만, 그것을 통하여 조금씩 조금씩 배워나갈 것이다.
보다 건강하고 좋은 세상을 위하여. 아멘.

하나님나라의 모습 42

MAHANAIM

1.

높은뜻숭의교회를 개척하고 10년 동안, 베트남 빈농이라는 지역을 의료선교로 해마다 섬겼다. 베트남을 섬기며 알게 된 것은 베트남 사람들이 우리나라를 별로 좋아하지 않는다는 것이다. 월남전쟁 때 우리가 저들의 주적이었던 미국과 한편이 되어 싸웠기 때문인 것 같았다. 그래도 10년을 한결같이, 그리고 진심으로 저들을 섬겼더니 저들과 많이 가까워지고 친해지게 되었다.

2.

10년이 지났을 때 빈농 지역의 관청에서 우리 열매나눔 인터내셔널에 우리나라 돈으로 2,500만 원 정도를 빌려줄 수 있겠느냐고 부탁해왔다. 이유가 감동적이었다.

베트남에는 자기 가게를 가진 사람은 저녁 5시까지만 장사를 할 수 있단다. 저녁 5시가 되면 가게가 없는 노점상들만이 장사를 할 수 있단다. 이 얼마나 훌륭한 생각이고 제도인가?

그런데 그 노점상들 100명에게 25만 원씩(베트남에서 25만 원은 아직도 적지 않은 돈이다)을 대출해 주어 장사 자금으로 지원하고, 그것을 공무원들이 일 년 안에 회수하여 돌려주겠다는 것이었다. 우리는 참 좋은 안이라 생각하고 3,000만 원을 지원하였다. 500만 원은 비용으로 쓰라고 허락해 주었다.

계약서를 쓰면서 몇 퍼센트를 회수해 줄 것인지를 약속하자 하였다. 나는 80퍼센트가 회수되면 큰 성공이라고 생각하고 있었다. 그런데 저들이 약속한 것은 구십 몇 퍼센트였다. 내 생각엔 거의 불가능한 목표였다. 계약서에 서명하면서 약속을 지키면 500명분을 지원하겠다는 조항을 넣었다.

저들은 일 년 만에 거의 100퍼센트를 회수해 주었다. 그러고는 우리에게 약속을 지키라고 하였다. 우리는 당연히 기쁜 마음으로 약속을 지켰다.

우리 재단의 베트남 사업을 코이카가 지원해 주기 시작하였다. 3년 안에 빈농 지역에는 야시장이 건설되었다. 말라위 그물리라의 요셉 프로젝트와 베트남의 야시장 사업은 생각만 해도 기분이 좋은, 우리 재단의 매우 성공적인 작품 중 하나다.

3.

국가에서 지원되는 공적자금은 눈먼 돈처럼 취급을 받는 경우가 많다. 받을 때까지는 그 돈을 잘 쓰고 약속을 지킬 것같이 말하지만,

일단 받고 보면 흐지부지되는 경우가 참 많다. 국민의 혈세가 낭비되는 경우가 참 많다.

S. I. B. (Social Impact Bond)라는 제도가 있다. '사회성과연계채권'이라는 제도이다. 내가 요즘 개인적으로 아주 깊은 관심을 가지고 있는 제도 중 하나다. 다음은 〈NEWS1〉이라는 신문의 2015년 6월 1일자 기사다. 좀 길지만 SIB를 이해하는데 도움이 되실 것 같아 옮겨 적었다.

서울시가 증세없는 복지의 대안으로 선진국에서 각광받고 있는 사회성과연계채권(SIB, Social Impact Bond)을 아시아 최초로 도입한다.

1호 SIB 사업대상은 정상과 지적장애의 경계에 있거나 경미한 지적장애를 가진 그룹홈(소규모 공동생활 가정) 생활 아동으로, 민간의 선(先)투자로 이들을 교육해 자립능력을 갖추게 하는 것이 목표다.

그냥 두면 나중에 큰 재정이 들어가는 문제를 민간재원을 활용해 조기 개입, 초기 사업 부담을 낮추면서 길게는 재정투입도 획기적으로 줄일 수 있어 사업효과가 주목된다.

서울시는 사회문제에 대한 예방복지를 강화하고 민간참여로 재정 집행을 최소화하기 위해 SIB를 아동복지사업에 첫 도입한다고 1일 밝혔다.

SIB는 민간재원으로 공공사업을 수행하고, 사업이 끝난 뒤 성공여부에 따라 시가 예산을 집행, 투자자에게 성과를 보상하는 새로운 공공예산 집행 모델이다.

2010년 영국 피터버러 시(市)가 단기 재소자들의 재범률을 낮추기 위해 SIB를 처음 선보인 이래 예방효과가 큰 아동 청소년, 청년 분야들에 빠르게 확산 중이다. 복지수요가 급증하지만 재정은 넉넉하지 않은 정부 도시 등이 예산을 아끼면서 더 효과적인 사업효과를 위해 SIB를 도입하는 것이 전세계적인 추세다.

SIB는 민간이 진행한 사업이 성과를 냈을 때만 예산을 투입하기 때문에 행정비용 낭비를 줄일 수 있다. 기업 등 투자자는 사회문제 해결에 참여하고, 사업 성공시 원금은 물론 성공보수까지 돌려받을 수 있어 '윈윈'이다.

서울시 1호 SIB 사업은 시내 62개 아동복지시설(그룹홈)에서 생활하는 경계선지능(IQ 71-84) 및 경증지적장애(IQ 64-70) 아동 100명이 대상이다. 정서불안과 학습부진, 따돌림 등 문제를 겪는 경계선지능 아동들이 정책 사각지대에 방치돼 있다는데 착안했다.

이들은 지적장애는 아니지만 학습능력이 다소 떨어지는데 정신지체로 악화되는 경우가 많다. 18세 성인이 돼 시설을 퇴소할 때 기초생활 수급자가 되는 비율이 일반 아동의 15배가 넘어 방치될 경우 개인의 불행은 물론, 일생에 걸쳐 큰 사회적 비용이 발생하게 된다.

시는 SIB 사업으로 3년간 이들에게 정서 치유 및 사회성, 지적능력 개선 프로그램을 실시해 자립 능력을 키울 예정이다. 시가 선정한 총괄운영기관이 민간투자자와 사업수행기관을 통해 아동교육에 나서고, 사업 종료 후 제 3의 평가기관이 성과를 객관적으로 평가한다.

3년 뒤 정상범주로 올라 온 경계선지능아동이 32명을 넘으면 성공으로 판단, 서울시가 사업비(3년간 10억 원)와 성공 인원에 따라 인센티브(최대 연 10퍼센트 이자)를 지급한다. 사업이 실패할 경우 민간투자자는 원금을 회수할 수 없다.

사업이 성공하면 시가 민간투자자에 사업비와 성공보수를 줘야 하지만 경계선지능 아동들에게 추후 막대한 복지비용이 발생하지 않고, 실패하더라도 손실은 민간이 떠안기 때문에 서울시는 손해 볼 것이 없는 구조다.

시는 사업 성공 기준인 경계선 지능 아동 32명이 정상 지능으로 진입하면 사회적 비용절감 효과가 37억 원에 이를 것으로 추정했다. 소외 아동들의 삶의 질이 높아지는 것은 물론, 일생에 걸쳐 발생할 사회적 비용이 사라지는 것이다.

시는 이와 관련해 오는 15일까지 이번 사업을 총괄 운영할 기관을 공모한다.

시는 앞으로 예산절감과 다양한 사회문제를 사전에 예방하기 위해 SIB를 확산할 계획이라고 밝혔다. 가정폭력 예방사업, 학교 밖 청소년 지원 사업, 노숙인 자립지원 사업 등 다양한 분야로 사업을 확대해 나가기로 했다. 이를 위해 경제 진흥실에 사회성과보상사업팀을 신설, 하반기부터 사업 추진을 본격화 할 예정이다.

정효성 시 행정1부시장은 "SIB 1호 사업을 시작으로 청소년, 어르신,

새터민 등 다양한 분야에 도입해 복지의 새로운 지평을 열겠다"고 말했다.

4.

이 기사는 2015년 5월 기사다. 서울시는 2016년 4월, 우리 피피엘 재단과 위 신문기사에 난 제1호 SIB 사업을 계약하였다. 일 년 동안 10억 원을 선투자할 사업파트너를 찾았지만 찾을 수 없었기 때문이다.

5.

베트남 빈농 지역의 공무원들이 성실히 약속을 지킴으로 점점 더 큰 성과를 이루어갔던 것같이 우리 재단도 최선을 다해 SIB 사업을 수행해 나가려고 한다. 좋은 의미에서 사회주의적인 좋은 목적을 가진 사업들이 좋은 비지니스처럼 건강하게 생명력을 가지고 자생하며 자생할 뿐 아니라 스스로 번성하며 점점 큰 사업으로 확장된다면 얼마나 좋을까? 사회주의만으로도 세상은 부족하고 자본주의만으로도 세상은 부족하다. 사회주의의 장점과 자본주의의 장점이 잘 결합된 새로운 세상을 꿈꾼다. 나는 그것이 하나님나라의 모습이 아닐까 생각한다.

나는 이번 SIB 1호 사업인 '경계선지능선상에 있는 아이들 돌봄사업'이 참 마음에 든다. 여러 가지 좋은 교육 프로그램도 적용하려고 하지만, 보다 중요한 것은 저들을 그리스도 예수의 마음으로 품는 것이다. 그런 마음으로 예뻐해 준다면 나는 반드시 아이들의 지능이 향상될 것이라고 확신하고 있다. 저들의 지능이 낮은 것은 선천적인 이유도 크지만 그 때문에 더 학대받고 차별받기 때문에 점점 더 나빠진 면도 있다고 나는 생각한다. 충분한 사랑과 관심만으로도 일정 이상 저들의 지능이 향상될 것이라고 나는 믿고 있다.

최선을 다하여 첫 SIB 사업을 성공시켜 원금도 회수하고, 뿐만 아니라 상금도 받고 싶다. 그래서 이와 같은 SIB 사업을 점점 더 확대해 나가고 싶다.

43 내 양을 먹이라

MAHANAIM

1.

이 이야기도 여러 번 했던 이야기 중 하나다. 영락교회 부목사 시절 교구목사로 거의 일 년 내내 대심방을 다녔다. 영락교회 부목사의 가장 중요한 역할과 사역은 심방과 교구관리였기 때문이다.

1983년 동작교구를 맡았을 때 일이다. 심방 중 집에서 점심을 대접하기로 한 어느 권사님이 내 아내에게 전화를 하여 내가 좋아하는 음식이 무엇인가를 물었다. 이왕이면 내가 좋아하는 음식으로 점심을 준비하고 싶어서였다.

아내가 대답해 주지 않았다. 그걸 이야기해 주면 일 년 내내 심방 다니며 매일 똑같은 음식만 먹을 위험이 높았기 때문이었다. 그냥 내가 아무거나 잘 먹는다고 잘 말씀드리고 전화를 끊었다.

2.

그냥 권사님이 자기가 알아서 정성껏 점심을 준비해 주셨다. 다 맛이 있었지만 특별히 어느 음식 하나가 입에 맞아 아주 잘 먹었다.

그런데 그날 이후 이상한 일이 일어났다. 그것은 가는 곳마다 점심 시간에 그 음식이 나왔다는 것이다. 점심을 먹다가 하도 이상해서 그 음식이 나를 따라다닌다고 이야기를 하였다. 그랬더니 그 음식을 준비했던 권사님이 이렇게 대답해 주었다.

"나도 사모님에게 전화를 했었는데 안 가르쳐 줍디다. 그래서 전에 점심을 준비했던 권사님에게 전화를 해서 물었지요. '목사님 젓가락이 어딜 많이 가더냐?'"

그 말을 듣고 참 감동하였다. 그리고 그날 굳게 결심하였다. 저 마음으로 목회를 해야겠다고. 하나님의 젓가락이 어딜 많이 가는가를 보고 목회를 해야겠다고…!

3.

평생 목회를 해 오면서 나도 이런저런 일들을 제법 많이 하였다. 그 중 하나는 가난하고 어려운 이웃을 돕고 섬기는 사역이었다. 나로서는 제법 열심히 그리고 적극적으로 하였다. 그리고 그 사역은 지금도 계속되고 있고, 사람들을 그 사역에 끌어들이기 위하여(?) 연일 선동에 선동을 계속하고 있다. 누가 나에게 왜 그러느냐 물으면 내 대답은 간단하다.

"하나님의 젓가락 때문이다."

4.

세상에는 하나님에 대한 믿음과 사랑이 없는데도 불구하고 가난하고 소외된 이웃들에 대한 남다른 마음을 가지고 어떻게 하든지 저들 편에서 저들을 도우려고 힘쓰는 사람들이 있다. 많이 있다. 나는 저들의 생각과 삶과 행동이 참 아름답고 귀하다고 생각한다.

그러나 그럼에도 불구하고 그와 같은 생각과 삶과 행동으로 구원을 얻는 것은 아니라고 생각한다. 예수님은 율법의 완성을 하나님 사랑과 이웃 사랑으로 정리하셨다.

이웃을 사랑한다고 다 하나님을 믿고 사랑하는 것은 아니다. 그것은 율법의 완성이 아니다. 하나님을 사랑한다고 다 이웃을 사랑하는 것도 아니다. 그것도 율법의 완성은 아니다. 그리고 이웃을 사랑하면서 하나님을 믿고 사랑하지 않을 수는 있으나 진정으로 하나님을 사랑한다면서 이웃을 사랑하지 않을 수는 없다. 하나님을 진정으로 사랑한다면 하나님이 사랑하시는 것을 사랑하지 않을 수 없다.

하나님은 사람을 사랑하신다. 특히 가난하고 약하고 소외되고 몸과 마음이 아픈 사람들을 사랑하신다. 그러므로 진정으로 하나님을 믿고 사랑하는 사람은 이웃을 사랑할 수밖에 없다. 나는 그게 율법의 완성이라고 생각한다. 그게 믿음이라고 생각한다.

5.

내가 어떻게 하든지 가난하고 어려운 이웃에 관심을 가지고, 구체적인 계획을 세우고 고민하며, 애타하며 이런저런 일을 벌이는 것은 다 하나님 때문이다. 얼핏 보면 내가 말하고 생각하고 주장하는 것이 공산주의자들하고 비슷해 보일 때도 있을 것이다. 부자의 돈이 가난한 자에게로 흘러들어 부한 자와 가난한 자, 그리고 강한 자와 약한 자가 서로 유무상통하는 세상을 이야기하고 꿈꾸는 것이 서로 닮았을 수도 있다.

그러나 나는 공산주의자 아니다. 공산주의자들에게는 하나님이 없다. 그러므로 저들이 꿈꾸는 세상은 세상의 유토피아(사실은 이루어질 수 없는)이다. 나는 공산주의자가 아니라 하나님을 믿는 신앙인이다.

내겐 하나님이 계신다. 내가 가난한 이웃들을 품으려 하는 까닭은 하나님이 저들을 늘 품고 계시기 때문이다. 그러므로 저들을 품지 않고 하나님을 품을 수 없기 때문이다. 내가 꿈꾸는 세상은 유토피아가 아니라 하나님나라다.

6.

예수님도 부활하신 후 베드로에게 나타나 물으셨다.
"네가 나를 사랑하느냐?"
그리고 부탁하셨다.

"나를 사랑한다면 내 양을 먹이라."

하나님을 사랑한다면 하나님이 사랑하시는 당신의 백성을 먹이는 일에 당연히 관심 가져야 한다. 난 그렇게 생각한다.

말도 안 되는 꿈 44

1.

기업 중에는 사업에 크게 성공하여 큰 재벌이 된 기업들이 있다. 그런데 그 재벌기업들이 처음부터 그런 재벌기업이었던 것은 아니다. 어느 재벌은 껌을 팔아 기업을 키웠고, 어느 재벌 기업은 치약을 만들어 팔다가 세계적인 재벌이 되었고, 어느 기업은 자전거 만들어 팔다가 세계적인 자동차 회사가 되었다.

2.

작은 일에 충성하면 큰일을 맡긴다는 성경 말씀이 있다. 작은 일이라도 거기에 최선을 다하면 작은 성공을 할 수 있게 된다. 작은 성공이라도 성공하면 신용이 생기고, 신용이 생기면 그와 같은 성공에 함께 편승하려고 하는 수많은 사람들의 투자를 받을 수 있게 되어 기업이 점점 커지게 되는 것이다. 그와 같은 성공을 몇 번 하다보면 기업은 점점 더 커지게 되고, 결국엔 거대 기업인 재벌이 되는 것이다.

3.

탈북자들의 자립을 위한 공장을 세웠다. 수도 없이 많은 죽을 고비를 넘겨 이제는 수십 억 원의 매출을 올리는 나름 번듯한 공장이 되었다. 성공한 셈이다. 일반 기업은 이만한 성공을 이루면 그 다음부터는 행보가 좀 쉬워진다. 은행으로부터 대출을 받기도 쉬워지고, 일반인들로부터 투자를 받기도 쉬워진다. 성공의 프리미엄이 붙는다. 그러나 우리 사회적 기업은 죽을 고비를 다 넘기고 성공을 하여도 쉽게 다음 행보로 이어지질 않는다.

대출도 어렵고 투자도 어렵다. 그래서 성공을 이어갈 수 없다. 사회적 기업은 아무리 성공하여도 재벌이 될 수 없다. 사회적 기업이기 때문이다. 공장의 이익이 공장과 투자자에게 먼저 돌아가지 않고 직원들에게 먼저 돌아가는 사회적 기업이기 때문이다. 때문에 사람들은 사회적 기업에 쉽게 투자를 하지 않는다.

4.

속상하고 애가 타서 사회적 기업에 대출을 해 주는 은행을 만들고 싶었다. 은행 자체를 사회적 기업으로 만들고 싶었다. 은행을 NGO가 아닌 기업으로 운영을 하되 은행의 가장 중요한 가치와 목적이 자기 은행을 키우는 데 있지 않고 대출해 주고 투자해 주는 사회적 기업을 키우는 데 있는 그런 꿈같은 은행을 만들고 싶었다.

어린아이들에게 커서 뭐가 되겠느냐 물으면 의사, 기업가 등등 자기

나름대로의 대답을 한다. 그 아이들에게 왜 그런 사람이 되려고 하느냐를 물으면 거의 100퍼센트 가난한 사람 도와주려고 그런다고 대답을 한다.

물론 커서 그런 사람이 되면 대개 그렇게 살지 못하지만, 그렇게 살지 못하는 것에 대한 빚진 마음이 있어서일까? 훌륭한 NGO들이 모금을 하면 대개 한두 구좌씩 후원을 하여 마음의 빚을 갚으며 산다. 좋은 일이라고 생각한다.

그 때문에 우리나라에도 꽤 커다란 NGO들이 많이 생겼다. 일 년에 천 억 원 이상의 후원금을 모아 그것이 필요한 나라와 사람들을 섬기는 좋은 NGO들이 참 많이 있다. 예수님 오실 때까지 그와 같은 사역을 하는 NGO들은 늘 있어야만 한다. 그러나 몇 개 정도는 그와 다른 차원의 NGO가 있어야 한다. 차원이 다르다고 해서 더 훌륭하고 높다는 뜻은 아니다.

5.

개미군단들의 후원금을 모아 직접 긴급구제를 하는 NGO만이 아니라 사회적 기업을 만들고 한 걸음 더 나아가 사회적 기업에 대출해 주고 투자해 주는 은행을 만들 수는 없을까? 앞에서 말한 바와 같이 사회적 기업에 대출해 주는, 그래서 세상의 건강한 사회적 기업을 많이 키우는 그런 은행을 많은 사람들의 후원금을 모아 만들 수는 없을까? 그러면 많은 사람들의 후원금이 일회성으로 끝나지 않고 돌아다니면서 이 기업, 저 기업을 살리며 그 기업에 속한 훨씬 더 많은 사람들을 도울 수 있지 않을까? 우리 마하나임이 그런 역할을 하면 어떨까?

6.

서울시에 '사회투자기금'이라는 것이 있다. 몇 년 전에 어느 NGO가 서울시로부터 500억 원의 사회투자기금을 받아 내가 꿈꾸는 그런 은행을 만들었다. 서울시의 사회투자기금을 받으려면 서울시로부터 투자받는 돈만큼 NGO가 모금을 하여야 한다. 다시 말해 서울시로부터 500억 원을 지원 받으면 500억 원을 모금하여 1,000억 원 규모의 은행을 운영하여야 한다는 것이다. 대개는 모금을 하기 전에 모금을 약속한 상태에서 사회투자기금이 주어지는데, 약속대로 투자받은 돈 만큼의 모금을 한다는 것은 말처럼 쉬운 일이 아니다. 나는 서울시가 그 기금을 먼저 주지 말고, 모금을 먼저 한 NGO에게 더블 매칭을 해 주었으면 좋겠다. 대신 먼저 모금을 한 NGO에게는 1:1 매칭이 아니라, 1:2 또는 1:3의 매칭을 해 주었으면 좋겠다. 그것을 서울시에 제안하려고 한다. 나는 꽤 설득력이 있는 제안이라고 생각하고 있다.

7.

나는 요즘 인간적으로 생각하면 말도 안 되는 꿈을 꾸고 있다. 그 말도 안 되는 꿈 때문에 가위가 눌리면서도 그 꿈을 내려놓지 못하고 꾸고 있다.

그것은 착한 개미들로부터 후원금을 모아 그 돈을 서울시에 들이밀어 2,3배 뻥튀기(?)를 해서 그 돈으로 사회적 기업 은행을 만들고, 그 은행에서 SIB 사업에도 투자해 주고, 100사장 가게에도 투자해 주고, 죽어라 노력해서 그 사업들을 성공시켜 은행도 키워가고, 사회적 기업도 키워가는 꿈이다. 정말 말 그대로 미션 임파서블한(불가능한) 게임에 도전해 보고 싶다.

"내게 능력 주시는 자 안에서 내가 모든 것을 할 수 있느니라"(빌 4:13).

나는 이 꿈이 능력 주시는 하나님이 수용해 주실 수 있는 꿈이라고 믿는다. 내 동기와 목적이 엉뚱하기는 해도 불순하지는 않기 때문이다. 그리고 철저히 하나님을 의지해야만 할 수 있는 프로젝트이기 때문이다.

나는 오병이어의 기적을 믿는다. 여자와 아이를 빼고도 5천 명이나 되는 굶주린 군중 앞에 아무런 보탬도 되지 않을 것 같은 보리떡 다섯 개와 물고기 두 마리를 들고 예수님 앞으로 나온 철딱서니 없는 어린아이의 헌신을 귀히 보시고 축사하여 5천 명 다 먹이고도 열두 광주리를 남게 하셨던 하나님의 기적과 역사를 나는 지금도 믿는다. 나는 현대판 오병이어에 도전하고 싶다.

45 나는 마하나임이다
MAHANAIM

1.

하나님은 아브라함이 75세 되던 해 아브라함에게 밑도 끝도 없이, 그냥 느닷없이 본토, 친척, 아비 집을 떠나라 말씀하셨다. 왜 떠나야 하는지는 물론이고 어디로 가라는 말씀도 없이, 그냥 무조건 75년 살던 고향을 떠나라 말씀하셨다.

지금도 고향 떠나 사는 건 쉽지 않은 일이다. 아브라함 때는 거의 불가능한 일이었다. 고향을 떠나 산다는 건 거의 죽음을 의미하는 일이었다. 그런데 하나님은 떠나라 말씀하셨다. 나는 왜 하나님이 아브라함에게 그렇게 하셨는지 안다. 생명을 하나님께만 걸라는 뜻이셨다. 오직 믿음으로만 사는 믿음의 조상이 되라는 뜻이셨다. 아브라함은 갈 바도 알지 못한 채, 즉시 아무런 질문조차 없이 그냥 떠났다. 믿음은 미션 임파서블이다. 불가능한 것과의 싸움이고 전투이고 전쟁이다. 하나님을 믿는 믿음이 없다면 시도조차 불가능한 백전백패의 싸움이다. 그 싸움을 싸우는 것이다. 믿음으로.

2.

여호수아서 5장에 보면 이스라엘 백성이 가나안 정복을 위하여 길갈이라는 곳에서 전쟁을 준비하는 장면이 나온다. 요단 서쪽의 아모리 사람들과 해변의 가나안 사람들이 모인 연합군과의 싸움이었다. 아모리 족속과 가나안 사람들은 만만한 사람과 나라들이 아니었다. 거기에 비하면 이스라엘 백성은 정말 메뚜기같이 약한 존재들이었다. 그 전쟁 또한 미션 임파서블한 도전이었다.

최상의 컨디션을 가지고 싸워도 이길 수 없는 전쟁인데 하나님은 정말 말도 안 되는 명령을 이스라엘에게 내리신다. 그것은 전쟁에 참여할 모든 군사들에게 할례를 행하라는 것이었다. 이스라엘이 할례를 받고, 그 정보가 적들에게 흘러 들어간다면(100퍼센트 들어간다) 싸워보지도 못하고 그냥 몰살당할 상황 속으로 하나님은 이스라엘 백성을 몰아넣으시려 하셨다.

나는 왜 하나님이 그런 명령을 이스라엘에게 내리셨는지 그 이유를 안다. 하나님과의 완전한 접붙임을 위함이었다. 본시 미션 임파서블한 전쟁은 능력 주시는 자 안에 있을 때에 파서블한(가능한) 미션이 된다. 바울의 "내게 능력 주시는 자 안에서 내가 모든 것을 할 수 있느니라"(빌 4:13)는 고백이, 그것을 우리에게 말씀해 주고 있다.

능력 주시는 하나님 안으로 들어가려면, 그래서 '내가 네 안에, 네가 내 안에' 있는 그런 상태가 되려면 정결의식이 필요하다. 산삼을 캐러 산으로 들어가는 심마니들도 산에 들어가기 전에 제일 먼저 하는 일이 정결의식이다. 깨끗이 씻고 제사를 드린다. 할례의 의미는 세상 사람들과 구별됨이다. 그것을 다른 말로 이야기하면 거룩함이다. 하나님은 "내가 거룩하니 너희도 거룩할지어다"(레 11:45) 말씀하신다. 하나님은 하나님과의 연합과 동맹을 위하여 전장에서 할례를 명하셨던 것이다.

믿음은 전장에서의 할례를 의미한다. 믿음은 죽을 각오가 되어 있어야만 얻을 수 있는 것이다. 믿음은 절대로 만만한 것이 아니다. 믿음은 그냥 입으로 "주여, 주여" 한다고 생기는 것이 아니다.

3.

하나님은 이스라엘 백성에게 가나안 땅을 분배해 주신다. 하나님이 가나안 족속들을 몰아내고 땅을 차지하게 하시는 것이 아니다. 하나님의 식은 그런 것이 아니다. 너희 땅으로 분배해 주었으니 그것을 믿고 싸우라는 것이다. 전쟁하라는 것이다. 믿음은 전쟁이다. 그것은 임파서블한, 인간의 눈으로만 보자면 백전백패의 싸움을 싸우는 것이다.

이스라엘 백성은 그런 전투를 통하여 가나안을 정복해 나가기 시작하였다. 하나님이 분배하여 주신 땅을 차지하게 되었다. 그럼에도 불구하고 이스라엘에게는 정복하지 못한 땅들이 있었다. 하나님은 그것도 싸워 정복하라 하시지만 이스라엘 백성은 도무지 엄두를 내지 못하고 있었다.

저들은 산지족들이었다. 본시 산(고지)을 정복하는 게 전쟁에서 가장 힘들고 어렵고 피해를 많이 보는 일이다. 그래서 어느 지파도, 어느 누구도 감히 도전하지 못하고 있었던 것이다.

그때 갈렙이 여호수아 앞에 나아가 자신을 보내 달라 청한다. 그때 갈렙이 여호수아에게 한 말이 참 근사하다.

"이제 보소서 여호와께서 이 말씀을 모세에게 이르신 때로부터 이스라엘이 광야에서 방황한 이 사십오 년 동안을 여호와께서 말씀하신 대로 나를 생존하게 하셨나이다 오늘 내가 팔십 오세로되 모세가 나를 보내던 날과 같이 오늘도 내가 여전히 강건하니 내 힘이 그때나 지금이나 같아서 싸움에나 출입에 감당할 수 있으니 그날에 여호와께서 말씀하신 이 산지를 지금 내게 주소서"(수 14:10-12상).

4.

백사장 프로젝트, SIB 프로젝트, 사회적 기업 은행, 그리고 그것들을 위한 모금. 내겐 아직 미처 정복하지 못한, 아니 정복할 수 없어 보이는 산지족과 같아 보인다. 미.션.임.파.서.블.

두렵고, 손 떨리고, 부담스럽고, 그래서 도망하고 싶고, 외면하고 싶고, 회피하고 싶지만, 그래서 지금도 그 부담 때문에 잠 못 이루는 날이 많지만.

5.

하나님은 오늘 나에게, 우리에게,

갈렙처럼 말하라 하신다.

갈렙처럼 나서라 말씀하신다.

아이고.

I. GO.

나는 마하나임이니까.

MAHANAIM

산을 옮기는 우직함

46

1.

성경을 읽다가 인생이 통째로 바뀔만한 깨달음을 얻을 때 나는 가장 기쁘다. 옛 어른의 말씀에 '아침에 도를 깨달으면 저녁에 죽어도 좋다'는 말씀이 있다. 나는 그 말이 무슨 말인지 성경을 읽다가 느껴 보았다.

2.

내 인생의 후반전에 내 인생을 송두리째 바꾸어 놓고, 전혀 새삼스러운 삶의 소명을 깨닫게 한 말씀이 있다. 그것은 마태복음 20장에 나오는 포도원 주인의 비유이다.

새벽부터 시장에 나가 일자리를 구하러 나온 사람들을 자기 포도원에 들여보낸 포도원 주인은 새벽, 오전 9시, 정오, 오후 3시 그리고 오후 5시, 이렇게 하루 다섯 번이나 시장을 들락거리며 일꾼들을 자기 포도원에 들여보냈다. 마지막 오후 5시에 들어간 사람은 그날 한 시간밖에 일하지 못했다.

3.

그런데 이 포도원 주인은 엉뚱하게도 한 시간밖에 일하지 못한 일꾼에게도 하루 품삯을 똑같이 지급해 주었다. 그게 예수님 비유의 핵심 포인트다. 왜 그랬을까? 무슨 기분 좋은 일이 있어서 그날만 충동적으로 그런 것일까? 아니면 처음부터 아예 그러려고 작정했던 것일까? 말씀을 뜯어보면 그게 후자라는 것을 알 수 있다. 한 시간밖에 일하지 않은 사람에게 하루 품삯을 다 주는 것이 자신의 뜻이라고 밝히는 부분을 보면 알 수 있다.

그 부분을 읽고 묵상하다가 나는 내 인생이 바뀔만한 깨달음을 발견하게 되었다. 그것은 그 포도원 주인은 '포도원을 위하여 일꾼을 고용한 사람이 아니라, 일꾼을 고용하여 품삯을 주기 위하여 포도원을 경영한 사람 같아 보인다'라는 사실이었다.

온몸에 전율이 흘렀다. 그리고 무릎을 치고 깨달았다. 그게 예수님이 우리에게 하나님나라를 설명해 주시기 위하여 하신 비유의 말씀이라는 것을. 그리고 그와 같은 마음씨와 사고방식을 가진 사람들이 사는 나라가 하나님나라라는 사실을.

나는 요한계시록에 나타난 하나님나라 설명도 좋다. 당연히 그대로 믿는다. 그런데 나는 예수님이 마태복음 20장에서 포도원 주인의 비유로 하신 하나님나라 설명을 더 좋아한다. 나는 그것이 이사야서 11장에 나오는 이리와 어린 양이 함께 뒹구는 하나님나라 설명과 일치한다고 생각하고, 그것이 사도행전 초대교회 교인들이 오순절 날 성령 받고 거듭난 후 나타났던 '온 교인들의 유무상통'과도 맥을 같이 한다고 생각한다.

4.
그 이후로 나는 하나님나라를 아주 간단하고 심플하게 이해하게 되었다. '하나님을 믿고 사랑하기 때문에 하나님이 사랑하는 사람들을 사랑하여 욕심 부리지 않고 사이좋게 나눠 먹고 사는 나라'라고 이해하게 되었다.

많은 시행착오와 손해가 있었음에도 불구하고 탈북자들을 위한 공장을 세우고, 백사장 프로젝트를 시도하고, SIB 프로젝트에 도전하고, 돈 키호테처럼 사회적 기업에 투자하는 은행을 세우겠다 덤벼들고, 그 전투 같은 일체의 일들에 함께 싸울 마하나임 군사 소집을 선동하고, 갈렙처럼 그 산지를 달라고 하나님께 떼쓰고 있는 것이다.

5.
얼마 전 40년이 된 인천의 어느 문화재단 아침모임에 다녀왔다. 큰 기대 없이 갔는데 참여하며 큰 감동을 받았다. 그리고 매달 후원 약정을 자진해서 하고 돌아왔다. 그 재단에는 매달 몇 만 원씩을 후원하는 후원자가 만 몇 천 명이 된다고 하였다. 부러웠다. 그 재단의 이사장님이 좋아하시는 말씀이 우공이산(愚公移山)이라고 하셨다. 어리석은 사람이 산을 옮긴다는 뜻인가 보다. 어리석어 보여도 꾀부리지 않고 우직하게 계속하면 산이 옮겨진다는 뜻이리라.

우공이산의 믿음과 끈기를 가지고 피피엘을 통한 마하나임의 전투에 참여하려고 한다. 그리고 모금을 시작하려고 한다. 첫 술에 배부르지 못할지라도 믿음과 신념을 가지고 하나님이 기뻐하시는 '서로 사랑하여 같이 먹고 사는 하나님나라를 이 땅에 건설하는 일'을 전투처럼 벌여나가련다.

6.
"나라가 임하시오며
뜻이 하늘에서 이루어진 것같이
땅에서도 이루어지이다." 아멘.
"오직 그의 나라와 그의 의를 위하여!" 아멘.

마하나임 프로젝트

1.

"내가 산을 향하여 눈을 들리라 나의 도움이 어디서 올까 나의 도움은 천지를 지으신 여호와에게서로다"(시 121:1,2). 아멘.

2.

평생 목회해 오면서 느꼈던 어떤 부담보다 더 크고 무거운 프로젝트가 지금 도전하고 있는 '마하나임 프로젝트'이다. 마치 거대한 산 앞에 서 있는 것 같다. '거대한 산같이 느껴지는 이 거대한 프로젝트 앞에서 내가 무엇을 할 수 있으랴?'는 생각이 들면 온몸에서 힘이 쭉 빠져 나가는 것 같은 무기력함을 느낀다.

그래도 눈 내려 깔지 않고 그 산을 향하여 눈을 든다. 가나안 정탐을 마치고 돌아온 열 정탐꾼의 비관적인 보고 앞에서 하나님을 믿는 믿음으로 '저들은 우리의 밥'이라고 보고했던 여호수아와 갈렙의 믿음으로.

3.

새벽기도회에 나가 하나님께 기도하는데, 처음 사람 아담을 지으실 때 진흙으로 빚으시고 그 코에 생기를 불어넣으셨던 말씀이 생각났다. 하나님께 이 마하나임 프로젝트에 생기를 불어넣어 달라고 기도하였다. 살아 있는 하나님의 기운이 들어간다면 거대한 산같이 느껴지는 미션 임파서블한 마하나임 프로젝트도 완성되리라. 우리의 기적은 하나님의 일상임을 또 한 번 입증하리라. 아멘.

4.

마하나임 프로젝트에서 진행하고 있는 사업들은 이렇다.

백사장 프로젝트: 탈북자, 다문화가정, 사회적 취약 계층민 100명 사장 만들기, 총 예산 120억 원(1.2억 원×100명).

SIB 프로젝트: IQ 75 미만 경계선상 아이들을 서울시와 계약 하에 3년 동안 돌보고 교육하여 서울시와 계약한 성과를 얻으면 서울시로부터 최대 130퍼센트까지 사업 자금을 돌려받는 사업, 총 예산 10억 원.

이와 같은 사업을 진행하기 위한 피피엘 운영 자금 후원은 한 구좌 만 원으로, 형편에 따라 매월 정기적으로 후원할 수 있다(기업은행 148-09023-904-032 사단법인 피피엘).

재단 운영비를 제외한 사업은 일회성, 소모성이 아니다. 백사장 프로젝트도 장사하여 원금과 소정의 이자를 회수할 예정이고, SIB 사업도 3년 후 투자금에 성과급을 돌려받을 수 있는 사업이다. SIB는 제법 사업성이 있는 게임이고, 백사장 프로젝트는 SIB보다 훨씬 위험성이 높은 게임이다. 정직하게 말씀드리지만 실패할 수도 있다.

5.
하나님이 이 마하나임 프로젝트에 마음을 주신다면 형편에 따라 지원하고 후원해 주시면 된다. 몇 억 원을 내시던, 몇 천 원, 몇 만원을 내시던 최선을 다한 것이라면 그것은 하나님 앞에서 동등한 것이다. 후원을 많이 했다고 계급이 높아지는 것도 아니고, 후원을 적게 했다고 마하나임에서 계급이 낮아지는 것도 아니다. 마하나임에는 계급이 없다. '대장'은 오직 예수님 한 분 뿐이며, 우리는 모두 그저 '군사'일 뿐이다.

6.
자, 드디어 전투가 시작되었다. 시작하기 전까지 두렵고 많이 떨렸다. 이젠 그냥 죽기 살기로 열심히 싸우는 일만 남았다.
돌격, 앞으로!

48 오직 하나님!

MAHANAIM

1.

몇 년 전 북한에 쌀을 보내 판매하려고 했던 프로젝트에는 한 달 만에 6억 원이 넘는 돈이 모금되었다. 잠시 동안이기는 하지만, 그리고 제한된 지역에서 이루어진 일이기는 하지만 쌀값을 1/8 이하로 떨구는 효과를 보기도 하였다.

2.

2011년 2월 말, 내 환갑 기념으로 한 모금에는 하루에 4억 원이 넘는 돈을 모금하였다. 그 돈은 인도에서 에이즈 걸린 아이들과 엄마들을 돌보는 선교사에게 보내졌다. 3만 불 모금을 목표로 했던 행사였는데 목표액의 10배가 모금되었다.

3.

그 후에도 몇 천 만원에서 몇 억 원 규모의 모금이 꽤 여러 번 성공적으로 이루어졌다.

4.

그 모든 모금이 SNS를 통하여 이루어졌다. 페이스북을 하기 전에는 인터넷을 통하여 중계되었던 설교방송을 통하여 이루어졌고, 페이스북을 시작한 후에는 주로 페이스북을 통하여 이루어졌다. 페이스북 팔로워가 10만 명이 넘어섰으니 나도 파워 블러거인 셈이어서 그 힘이 발휘된 것이라고 할 수 있다.

5.

이번에 마하나임 프로젝트를 위한 모금은 이제껏 했던 그 어떤 모금보다 큰 규모의 모금이다. 그런데 시작이 별로 신통(?)하지 않다. 그동안의 화려했던 경험과 경력이 무안스러울 정도다.

일회후원 10명 5,300,000원
정기후원 7명 월 220,000원

6.

창피하지도 않고, 부끄럽지도 않고, 속상하지도 않고, 당황스럽지도 않다. 말장난처럼 들릴지 모르나 오히려 안심이 된다.

7.

우찌무라 간조 선생의 유명한 말을 기억한다.

"다윗이 물맷돌로 골리앗을 이겼다고 그것을 비단보에 싸두면 안 된다. 다음 싸움은 그것으로 못한다."

내게도 골리앗을 잡은 다윗의 물맷돌 같은 화려한 전력이 있다. 그러나 그것을 의존하여 이번 마하나임 전투를 하려 한다면 백전백패 할 것이다.

8.

마하나임의 군사는 자기의 힘을 의지하지 않는다. 오직 하나님의 힘만을 의지한다. 화려했던 과거 전과(戰果)가 무참하게 무너져 버린 모금 실적을 보며, 나는 철저히 나를 부인한다. 깨끗이 오늘의 나를 그대로 인정하고 받아들인다.

그러나 그럼에도 불구하고 포기하지 않는다. 절망하지도 않는다. 만일 지난번처럼 화려한 실적이 나왔다면 아주 위험할 뻔했다.

완전히 두 손을 들고, 하나님을 향하여 엎드려 기도한다. 그리고 도전한다. 최후의 승리를 확신한다.

M A H A N A I M

테스트 통과

49

1.

하나님이 야곱과 얍복강에서 씨름을 하실 때 하나님은 처음부터 야곱을 이길 마음이 없으셨다. 아이와 아빠가 씨름을 해도 아빠가 당연히 지는 것인데, 세상에 하나님이 사람과 씨름을 하여 이기려 하시겠는가? 하나님은 사람과 씨름하여 지는 게 취미시고 특기시다. "구하라 그러면 너희에게 주실 것이요 찾으라 그러면 찾아낼 것이요 문을 두드리라 그러면 너희에게 열릴 것이니"(눅 11:9)라는 말씀의 뜻이 바로 그것이다. 하나님과 씨름하면 우리가 반드시 이긴다는 말씀이다.

2.

그런데 하나님은 져주실 씨름을 밤새도록 하셨다. 그뿐만이 아니다. 야곱의 환도뼈를 꺾으셨다. 이기려는 씨름이었다면 이해할 수 있으나 지려고 하시는 씨름에서 야곱의 환도뼈를 꺾으신 것은 쉽게 이해가 가지 않는다.

'이래도 날 붙잡은 손 놓지 않겠느냐?'는 일종의 테스트셨다.

3.

환도뼈가 꺾인 야곱은 도저히 하나님을 이길 수 없었다. 그러나 그럼에도 불구하고 하나님 잡은 손을 놓을 수도 없었다. 야곱도 근성이 있는 사람이었다. '환도뼈가 아니라 목뼈를 꺾어보십시오. 내가 하나님 잡은 손 놓게 생겼나?'
야곱은 하나님의 테스트를 무사히 통과하였다. 야곱은 이스라엘이 되었다.

4.

페이스북은 마하나임 프로젝트에 있어서 내게 환도뼈 같은 존재다. 팔로워가 10만 명이 넘는다. 그동안 여러 번에 걸쳐서 뜻 깊고 의미 있는 일에 수천 만원에서 수억 원에 이르는 모금도 그다지 어렵지 않게 해내던 환도뼈 같은 존재다.
그런데 하나님이 그 환도뼈를 꺾으셨다. 무참하리만큼 꺾으셨다. 이 일을 시작할 때 그러실지도 모른다는 느낌은 있었다. 불길한 예감(?)은 틀리는 법이 없다. 완전히 꺾으셨다.

5.

일시후원 총 24명 9,848,000원

정기후원 총 20명 월 800,000원

내 페이스북 역사에 없는 일이 일어나고 있다. 그래서 오히려 작정해 주신 친구분들이 뼈저리게 고맙다. 이 사역이 하나님의 은혜로 성공하였을 때 하나님이 상급을 잊지 않으실 것이다.

6.
그리고 오히려 전투력이 불붙는다. 신앙적인 오기도 발동한다. '환도뼈가 아니라 목뼈를 꺾어보십시오. 지금 내가 이 일 포기하게 생겼나?!'
나도 반드시 이스라엘이 될 거다. 페이스북으로 안 되면, 매일매일 하나님께 기도로 떼쓰고, 한 사람, 한 사람 좇아다니면서라도 이루고 말 거다. 난 이스라엘이니까.

50 돈 키호테처럼

MAHANAIM

1.

얼마전 외사촌 동생들과 함께 저녁을 먹었다. 제법 괜찮은 식당이었는데 우리가 식사하는 동안 손님은 우리밖에 없었다. 저녁을 먹으면서도 걱정이 되었다. 식당 걱정도 했지만 나라 경제가 더 걱정이 되었다.

2.

나는 경제전문가가 아니다. 나는 아직 목사다. 지금 우리나라는 거의 제로 금리 시대다. 제로 금리란 경제가 '0도'라는 소리와 같아 보인다. 돈이 얼어붙었다. 돌지 않는다. 식당에 손님이 없었던 이유가 그것과 무관하지 않다.

3.

우리나라는 무역으로 먹고 사는 나라다. 그런데 해마다 달마다 수출액이 줄어들고 있다. 그런데도 우리나라는 세계 무역 6위로 올라

섰다. 프랑스를 젖히고. 다른 나라는 우리나라보다 더 어렵다는 뜻이다. 해운회사들이 초상 치르기 직전이다. 경기가 나빠서 물동량이 현격히 줄었기 때문이다. 해운회사가 어려워지니 세계 1위를 자랑하던 우리나라 조선회사들이 줄초상이다.

4.

그뿐 아니다. 청년들의 창업에 투자되어야 할 나랏돈이 부정부패로 대형사고 친 곳에 조 단위로 투척되고 있다. 돈이 생명으로 흐르지 않고 죽음으로 흐르고 있다. 큰일이다.

5.

그런데도 나는 엉뚱하게도 세상 물정 전혀 모르는 사람처럼 탈북자들과 다문화가정의 창업을 위한 백사장 프로젝트를 가동하려 애쓰고 있다. 백사장 프로젝트는 저들이 밥을 벌어먹을 수 있는 일거리를 만들어내고, 그것을 성공시켜 프랜차이즈화 하는 것이다. 그래서 만든 것이 '이야기를 담은 라멘'이다.

'이야기를 담은 라멘'이 실패하면 백사장 프로젝트도 시작할 수 없다. 며칠 전 우면동에 있는 '이야기를 담은 라멘'에 갔었다. 자리가 없을 만큼 바글바글하였다. 눈물이 나도록 감사했다. 일단 백사장 프로젝트를 걸 수 있는 앵커를 하나 박은 셈이다.

6.

백사장 프로젝트에는 약 100억 원의 돈이 필요하다. 현재 50억 원 정도의 자금은 거의 확보되었다. 기적 같은 일이 아닐 수 없다. 하나님이 조금만 더 도와주시면 백사장 프로젝트를 위한 자금은 큰 문제없이 확보될 예정이다.

백사장 프로젝트는 쉽게 말해 탈북자들과 다문화가정 가장들에게 성공적인 사업 아이템을 전수해 주고 그 사업을 위한 1억 원을 대출해 주는 것이다. 그리고 벌어서 그 돈을 갚게 하는 것이다. 이자까지 쳐서.

내가 생각해도 미친 소리다. 내가 보기에도 내가 사기꾼 같아 보인다. 나라경제가 아니라 세계경제가 꽁꽁 얼어붙어서, 돈을 대출해 사업을 하겠다는 사람이 없어서 제로금리가 된 세상에, 사업가도 아닌 목사가 백사장 프로젝트를 기획하고, 저들에게 대출해 주고, 장사를 하게 하고, 되게 하여, 그 돈을 회수하여, 꽉 막혀 버린 경제와 젊은이들의 희망을 뚫겠다는 것은, 정말 미션 임파서블이다.

7.

하나님나라엔 막힌 것이 없다.
건강한 흐름이 있기 때문이다.
나는 마하나임의 군사로서,
비록 나이가 좀 들었지만,

돈 키호테처럼 세상과의 전쟁을 선포하고,
이 땅에 하나님나라의 정의를 실현하기 위하여
얼마 남지 않은 목숨을 걸어보려 한다.
글쓴 대로 사는 일에만 집중하려 한다.
같이 싸울 사람들이 좀 있었으면 좋겠다.

마하나임: 하나님의 군사

초판 1쇄 발행	2016년 8월 17일
초판 4쇄 발행	2016년 10월 4일
지은이	김동호
펴낸이	여진구
책임편집	1팀 l 이영주, 김수미
편집	2팀 l 최지설 3팀 l 안수경, 유혜림 4팀 l 김아진
책임디자인	이혜영, 노지현 l 마영애
기획·홍보	김영하
마케팅	김상순, 강성민, 허병용, 이기쁨
제작	조영석, 정도봉
해외저작권	김나은
마케팅지원	최영배, 이명희
경영지원	김혜경, 김경희
이슬비전도학교	최경식, 전우순
303비전장학회 & 303비전꿈나무장학회	여운학
303비전성경암송학교	박정숙, 정나영, 정은혜

펴낸곳   규장

주소 06770 서울시 서초구 매헌로 16길 20(양재2동) 규장선교센터
전화 02)578-0003   팩스 02)578-7332
이메일 kyujang0691@gmail.com   홈페이지 www.kyujang.com
트위터 twitter.com/_kyujang   페이스북 facebook.com/kyujangbook
등록일 1978.8.14. 제1-22

ⓒ 저자와의 협약 아래 인지는 생략되었습니다.
이 출판물은 저작권법에 의해 보호를 받는 저작물이므로 무단 전재와 무단 복제를 할 수 없습니다.

책값 뒤표지에 있습니다.
ISBN 978-89-6097-460-9   03230

규 l 장 l 수 l 칙

1. 기도로 기획하고 기도로 제작한다.
2. 오직 그리스도의 성품을 사모하는 독자가 원하고 필요로 하는 책만을 출판한다.
3. 한 활자 한 문장에 온 정성을 쏟는다.
4. 성실과 정확을 생명으로 삼고 일한다.
5. 긍정적이며 적극적인 신앙과 신행일치에의 안내자의 사명을 다한다.
6. 충고와 조언을 항상 감사로 경청한다.
7. 지상목표는 문서선교에 있다.

하나님을 사랑하는 자 곧 그의 뜻대로 부르심을 입은 자들에게는 모든 것이 合力하여 善을 이루느니라(롬 8:28)

Member of the
Evangelical Christian
Publishers Association

규장은 문서를 통해 복음전파와 신앙교육에 주력하는 국제적 출판사들의 협의체인 복음주의출판협회(E.C.P.A:Evangelical Christian Publishers Association)의 출판정신에 동참하는 회원(Associate Member)입니다.